SEA OTRO
BE ANOTHER
EST UN AUTRE
MOITOTSU WA
LING YIZHONG SHI
EST ALIUD
SEA ORTO
Wees ANDERE

Nα ΑΛΛΑ

有其他

Estu ALIAJ

Sein ANDERE

เป็นอื่น

DİĞER olun

TRANSFORMA TU EXISTENCIA.

Para realizar pedidos de este libro contacte con:

José A. Rodríguez Roche
P.M.B. 111
P.O. Box 6004
Villalba, P.R. 00766

Correo electronic:
jarodrochepr@gmail.com
Online:
Createspace

Sea Otro
Authored by Dr. José A. Rodríguez
6.0" x 9.0" (15.24 x 22.86 cm)
Black & White on White paper
218 pages
ISBN-13: 9781502400925
ISBN-10: 1502400928

Talleres y Conferencias son ofrecidos sobre los temas tratados en el libro.
 Teléfono celular: 787-635-2818

Sea Otro

Autor

José A. Rodríguez Roche, Ph.D.

ÍNDICE

Dedicatoria

A todos los Seres

que han transitado el espacio

donde sus pasos

y los míos se han encontrado.

Gracias por haberme pensado,

compartir y unir sus vidas

entre humanas experiencias.

Gracias a todos los que me han regalado

su amor.

José Antonio Rodríguez Roche

Introducción

Históricamente, la especie humana ha demostrado su capacidad para el cambio y adaptarse a los distintos ambientes. Siendo mamíferos débiles en la constitución física, hemos prevalecido a los poderosos dinosaurios, leones y otros animales con mayor capacidad física para enfrentar los retos de la naturaleza. La especie humana tenemos la mayor destreza adaptativa entre los seres vivos, la inteligencia o la capacidad del uso de la razón. Estos instrumentos o facultades nos han capacitado para dominar a los demás animales, gran parte de la naturaleza y sobrevivir al hostil ambiente en el que nos desarrollamos.

Menospreciamos, ignoramos, omitimos, dañamos, olvidamos o no creemos en nuestra poderosa capacidad de cambio. No hablo de tener fe religiosa ni del desarrollo de destrezas paranormales o exclusivas de los que practican ejercicios de Yoga o difíciles disciplinas de superación personal.

Este libro lo conducirá a practicar lo ya adquirido en su naturaleza humana, su capacidad de cambio. La capacidad de cambiar en usted cosas de suficiente significado e importancia como para llegar a SER OTRO. No simplemente cambiar algo, sino mucho, para sentirme otro ser, otra persona, tener otra vida y poder lograr lo que yo quiero, como yo quiero, porque yo quiero.

Descubrir el potencial de cambio, significa el primer paso para dejar de sufrir y alcanzar la felicidad.

CAPITULO I

Visión de mundo.

Muchas personas, creen en el destino. Piensan que todo está predeterminado y que no pueden hacer otra cosa que aceptar lo que le ha tocado vivir o para lo que vino a este mundo. Con esta forma de pensar, aceptan lo predestinado como mandato de Dios, Cristo, Jehová, Krishna, Buda u otros que basan su explicación de la humanidad en un futuro conocido solo por ellos. La Biblia nos narra nuestro destino determinado por Dios. Sin embargo, nos habla del libre albedrio del ser humano. Los que creemos en el libre albedrio, no *creemos en el destino*. Es incongruente, lógicamente hablando, pensar que puedo tomar decisiones sobre mis actos y por otro lado pensar que mis actos ya están decididos. El libre albedrio implica que yo soy el que tomo decisiones sobre mis actos, planifico mi futuro y actuó a base de mis decisiones. Por lo tanto, solo soy responsable de mis actos si puedo decidir.

En la biblia romanos 14:12 dice: "De manera que cada uno de nosotros dará a Dios cuenta de sí." Esto es la responsabilidad personal.

El Señor ha dicho que todas las personas son responsables de sus propias ideas y resoluciones, así como de sus actitudes, deseos y actos.

La edad de responsabilidad es aquella en la que se considera que los niños son responsables de sus actos y son capaces de cometer pecados y de arrepentirse.

Nuestras palabras, nuestras obras y nuestros pensamientos nos condenarán, Alma 12:14.

A los hombres les es concedido discernir el bien del mal; de modo que, son sus propios agentes, Moisés 6:56.

Si creo en mi destino, entonces no tengo libertad para decidir y si no tengo libertad para decidir, entonces no soy responsable de mis actos. Para condenar a una persona por sus pecados, es imperioso denotar su libertad para tomar decisiones y su responsabilidad por sus actos y entonces evaluarlos como pecados o no pecados.

Cuando me miro en un espejo, solo veo lo que yo no quiero cambiar. Por lo tanto, soy responsable de mi ser, de mi estar, de mi estado emocional, de mis planes y de proyectarme al futuro como yo quiero.

Nada está escrito en una lapida de granito en la vida de un ser humano. Todo está sujeto a cambios.

Postulados de una visión de vida dirigida al cambio.

I. Tengo libre albedrio o la capacidad para decidir. Nadie puede decidir por mí.

II. Soy responsable de mis actos.

III. Tengo la capacidad y puedo, si quiero, de cambiar mis decisiones y mis actos.

IV. No puedo dejar de ser, pero puedo ser otro.

Estos simples postulados ameritan una explicación más amplia, ya que al aceptarlos, lo que recomiendo con mucha sinceridad, comienza una transformación en la visión de mundo, parte esencial de la estructura de la personalidad.

I. Creer en el libre albedrio o la capacidad para tomar decisiones libremente, implica que toda decisión que tomo no es causada, motivada, inducida, obligada, impuesta o producto de fuerzas del inconsciente. Si pienso que una decisión es causada por fuerzas externas o fuera de mi control, entonces no es una decisión mía. Solo es una relación de causa y efecto. Los animales no toman decisiones, actúan por instinto o son condicionados. Los seres humanos decidimos sobre los instintos y los acondicionamientos. Las teorías de la motivación (La palabra **motivación** deriva del latín *motivus*, que significa «causa del movimiento») suponen un poder para lograr que otro ser humano haga cosas o cambie. Si tengo el poder de hacer que otra persona tome las decisiones que yo quiero, entonces no existe el libre albedrio. Pero, la otra persona puede cambiar su decisión, siendo el cambio de decisión una decisión del que decide. A la única persona que puedo motivar es a mí mismo, ya que al presente las ciencias no han logrado tener el poder de cambiar el libre albedrio. Claro, echarles la culpa a otros por mis estupideces, malas decisiones, dejarme engañar, arrepentirme luego de mis decisiones o excusar mis errores buscando irresponsabilizarme es una actitud cómoda y frecuente en el ser humano.

II. Ser responsable de mis actos, implica que estos se han realizado luego de ejercer mi libre albedrio. Es pertinente distinguir en nuestro idioma, entre responsable y culpable. Puedo ser responsable de un acto y no culpable, ya que la culpa está ligada a las leyes, la responsabilidad al acto ejercido en libre albedrio. **Culpa** es el término jurídico que, según Francesco Carrara, al igual que la **negligencia**, supone la "*voluntaria omisión de diligencia en calcular las consecuencias posibles y previsibles del propio hecho*". Es decir, que la culpa surge de las consecuencias del decidir actuar.

Formas de la culpa:

Negligencia.- Descuido en el actuar. Omisión consciente, descuido por impericia o dejar de cumplir un acto que el deber funcional exige. En materia penal, es punible.

Imprudencia.- Punible e inexcusable negligencia con olvido de las precauciones que la prudencia vulgar aconseja, la cual conduce a ejecutar actos que se realizan sin la diligencia debida y que son previsibles desde un punto de vista objetivo, siendo considerados como delito.

Impericia.- Falta de pericia, sabiduría, práctica, experiencia y habilidad en una ciencia o arte.

Inobservancia.- Consiste que al desempeñar ciertas actividades o cargos, el sujeto omita cumplir los deberes impuestos por los reglamentos u ordenanzas.

La responsabilidad de mis actos es inherente al ser, la culpabilidad de mis actos está sujeta a juicios.

El clásico ejemplo de una persona que conduce un automóvil y atropella a un peatón. Sin duda es responsable. El probar si hubo o no culpa de acuerdo con las ¨Formas de la culpa¨, es otro asunto. Evaluar si hubo negligencia, imprudencia, impericia o inobservancia es entonces responsabilidad de los que ejercen juicios legales. Reconozco la responsabilidad de lo que hago, pero no necesariamente la culpa.

La responsabilidad de permanecer como estoy o cambiar es mía.

III. Tengo la capacidad y puedo, si quiero, de cambiar mis decisiones y mis actos. Tener la capacidad no implica el que yo piense que puedo. Tener la capacidad de cambio no te determina al cambio. Pensar en utilizar mi capacidad y creer que puedo lograr el cambio es el inicio para actuar. Tengo la capacidad y puedo ¨**si quiero**¨… El querer está dirigido por la decisión, el deseo por el placer. Si actúo es porque quiero deseándolo o no. Puedo desear actuar y no actuar porque no quiero o puedo no desear actuar y actuar porque quiero. Puedo consumir un amargo brebaje aun que no lo desee, pero porque quiero mejorar mi salud. También puedo no consumir el vino que deseo porque quiero mantenerme libre de drogas. Mis decisiones las componen los pensamientos, los cuales puedo crear, modificar, reevaluar o afirmar. De esta forma puedo cambiar mis decisiones cuando quiera, deseándolo o no, por mi bien o por mi mal. Espero que por el bien, pero quiero que consideren el poder que tenemos de transformarnos en ángeles o demonios, por exponer dos extremos. El poder de cambio para recrearnos o para destruirnos.

Si decido afeitarme la cabeza y quiero, independientemente de mis deseos tengo la capacidad para hacerlo. Claro y bien claro quiero que esté. Podemos cambiar porque queremos y lo deseamos, no por simple conveniencia económica, por complacer a alguien o por escapar de algo.

Espero, amable lector, que comenzando a leer este libro se convenza que puede cambiar su forma de pensar, sus decisiones y sus actos, si quiere.

IV. No puedo dejar de ser pero puedo ser otro.

La idea de escribir este libro, después de treinta y cinco años de práctica en la psicoterapia clínica, es la convicción en la poderosa capacidad del ser humano en cambiar y transformarse en el grado en que quiera. Que quiera, no quiere decir que sepa. Yo puedo querer ser bello, delgado y amable. Pero soy feo, gordo y descortés. ¿Puedo llegar a ser como quiero? Después de lo que usted ha leído, si contesta que no, vuelva a leer desde el principio.

Ser un humano es lo único que soy. Lo demás es adquirido, aprendido, decidido o echo inherente a mí ser por accidente. No puedo dejar de ser humano pero puedo ser otro humano.

Usted puede aseverar, que puede ser el mismo ser humano y cambiar. Las leyes básicas de la física, las matemáticas, las teorías del tiempo-espacio y otras, coinciden en que una vez algo cambia deja de ser uno para convertirse en otro. El ser humano está en constante cambio físico, psicológico y espiritual. La realidad es que, usted no es el mismo que se miro en el espejo esta mañana. Ha cambiado desde que nació, pero no lo acepta. El dicho: ¨Yo soy así¨ es solo una concepción poética de su visión de mundo. La realidad es que ¨usted era así¨ y nunca va a volver a ser como era. Claro, amable lector, si está contento y satisfecho con su ser, no cambie de forma significativa. Pero, si no está contento o satisfecho con su ser, aprenda y **Sea Otro.**

CAPITULO II

Soy

¿Qué soy? Desde el punto de vista zoológico, es decir, tomando el conjunto de los caracteres morfológicos con los que se describe a los animales, el hombre queda separado en el nivel taxonómico familia. Hay una única especie Homo sapiens del único género Homo de los Homínidos. Los Homínidos pertenecen junto a los Hilobrátidos (gibones) y los Póngidos (gorila, chimpancé y orangután) a la superfamilia de los Hominoideos. Lo Hominoides pertenecen a los Catirrinus los del viejo mundo que, junto a los Platirrinus los del nuevo mundo, constituyen los Antropoides, que pertenecen al orden de los Primates. Los datos del registro fósil, así como los aportados por la Genética y la Bioquímica permiten suponer que los Homínidos y los Póngidos han tenido antecesores comunes.

Vistos por un químico somos una cantidad de elementos químicos.

Lista de elementos químicos en una persona de 184 lbs.

Elementos	%	kg
Oxígeno	65	52
Carbono	18	14,4
Hidrógeno	10	8
Nitrógeno	3	2,4
Calcio	1.5	1,2
Fósforo	1	0,8
Azufre	0.25	0,2
Potasio	0.2	0,2
Cloro	0.15	0,12
Sodio	0.15	0,12
Magnesio	0.05	0,04
Hierro	0.006	0,0048
Flúor	0.0037	0,00296
Cinc	0.0032	0,00256
Silicio	0.002	0,0016
Circonio	0.0006	0,00048
Rubidio	0.00046	0,000368
Estroncio	0.00046	0,000368
Bromo	0.00029	0,000232
Plomo	0.00017	0,000136
Niobio	0.00016	0,000128
Cobre	0.0001	0,00008

Aluminio	0.000087	0,000070
Cadmio	0.000072	0,000058
Boro	0.000069	0,000055
Bario	0.000031	0,000025
Arsénico	0.000026	0,000021
Vanadio	0.000026	0,000021
Estaño	0.000024	0,000019
Mercurio	0.000019	0,000015
Selenio	0.000019	0,000015
Manganeso	0.000017	0,000014
Yodo	0.000016	0,000013
Oro	0.000014	0,000011
Níquel	0.000014	0,000011
Molibdeno	0.000013	0,000010
Titanio	0.000013	0,000010
Telurio	0.000012	0,000010
Antimonio	0.000011	0,000009
Litio	0.0000031	0,000002
Cromo	0.0000024	0,000002
Cesio	0.0000021	0,000002
Cobalto	0.0000021	0,000002
Plata	0.000001	0,0000008
Uranio	0.00000013	0,0000001
Berilio	0.000000005	4E-09
Radio	0.0000000000000001	8E-18

¿Soy un conjunto de elementos? No me siento así. Pero si observó la tabla de elementos químicos, debe observar que estamos compuestos principalmente en un 65% de Oxigeno (119 lbs.), más de la mitad de nuestra composición. Si le sumamos un 18% de Carbono (33.1 lbs.) y un 10% de Hidrogeno (18.4 lbs.) alcanzamos un 93% en estos componentes o 170.5 lbs. ¿Puedo modificar mi composición química? Si puedo. Lo hacemos con las sustancias que consumimos, respiramos, absorbemos y compartimos. Algunas de las razones por las que contraemos enfermedades, dañamos nuestro organismo, nos sanamos o fortalecemos ocurren al modificar nuestra composición química. Si aprendo a modificar mi composición química puedo lograr sanarme o matarme, dado que nuestro equilibrio químico ha sido el resultado de millones de años de evolución para lograr lo que somos. Cuidado con lo que consume.

Lo que soy para un Filósofo es un tema milenario con una extensa literatura. Desde el Ser al no Ser. Teorías y concepciones sobre gnoseología, epistemología y otras ramas de la filosofía exponen interesantes escritos para el estudio y reflexión. Desde mi teoría, que expongo en mi libro: 'Nexo, La realidad de la realidad', Somos una parte de la energía cósmica del Ser Todopoderoso llamado Dios. Simple verdad. Espero que observen que los diamantes están formados por carbono y en un cuerpo humano de una persona de 184 lbs. debe tener 33.1 lbs. de carbono, del mismo carbono del que está formado el diamante. Si se le ocurre preguntar por curiosidad, de que esta hecho el carbono. El carbono esta hecho de los llamados lasos cuánticos o de simple energía. La energía que compone todo el cosmos.

Los teólogos o estudiosos de las filosofías religiosas exponen vertientes igualmente diversas sobre el Ser. La Teoría llamada Creacionista fundamentada por la fe, cree que el hombre fue creado por uno o varios seres divinos (dioses). Así encontramos las religiones politeístas (es decir, cree en varios dioses), pueden ser: mayas, aztecas, romanos, griegos, etc. Por otra parte existen las religiones monoteístas (es decir, cree en un solo dios), pueden ser: judaísmo, cristianismo e islamismo. Según el Judaísmo, los judíos no creen en la predestinación, Dios ha creado al hombre libre de elegir su propio destino. Así, el hombre es la única criatura del universo que goza del libre albedrio, ya que puede elegir sin ningún tipo de coacción seguir el camino de dios y la vida o la muerte. Para el cristianismo, Dios creó al hombre modelándolo a partir de barro, e hizo a la mujer a partir de una costilla del hombre. Para la religión musulmana, el hombre fue creado de esperma, con vista y oído (El Corán, sura LXXVI). Para la Teoría de Los Antiguos Astronautas, el hombre fue trasladado al planeta Tierra desde otro planeta.

Amigo lector, escoja la teoría que le sea más simpática o divertida como tema de tertulia. Pero, si usted se va a aplicar e internalizar una Teoría para su fortalecimiento personal y busca una alternativa para lograr una transformación... considere seguir leyendo.

Pasó la página. Entiendo que va a seguir leyendo. Quizás no sea un filosofo, un psicólogo escritor de temas controversiales, un estudioso del ser humano o un científico académico, pero, busca descubrir alternativas prácticas que funcionen, sin dietas especiales, sin mirar al sol 10 minutos al día, haciendo posturas de Yoga, ni invocando espíritus o seres del mas allá.

Reflexionando sobre su teoría predilecta del Ser. Quiero que se convenza de *su capacidad de cambio y transformación*. Si al terminar este libro usted está convencido, ya operará un significativo cambio en su vida. Con sinceridad y más un ruego, **¨el descubrir su capacidad de cambio no lo determina a un cambio positivo¨.** Su capacidad para decidir libremente sigue ahí. Espero que tome decisiones dirigidas a un cambio para el fortalecimiento de su calidad ética, religiosa, de salud física y mental. No lo aliento, invito o consiento en que se convierta en un monstruo más de nuestra sociedad. Ya tenemos bastantes. Queremos personas que cambien sus angustias por tranquilidad, sus descontentos y penas por alegrías, sus depresiones, trastornos mentales, fobias y sus estados mentales disfóricos por estados de plena salud mental.

Quiero un cambio a una mejor calidad humana, porque yo se que tenemos el potencial.

Lo que Soy trasciende todo problema humano, todo sufrimiento, todo el dolor, toda desgracia, toda la pobreza material, el hambre, la miseria, toda culpa, el pecado, la guerra, la enfermedad, la injusticia, la muerte y todo mal. Simplemente, Soy parte de Dios. Repítalo:

Simplemente, Soy parte de Dios.

Simplemente, Soy parte de Dios.

Simplemente, Soy parte de Dios.

Simplemente, Soy parte de Dios.

Estructura del Ser. Física-psicológica-espiritual.

I. Física. Conforma todo mi cuerpo y/o entorno.

¨Si no puedo pintar el mundo del color que me gusta, puedo cambiar el color de los lentes de mis espejuelos...¨. Que sabio. Se me ocurrió a mí.

Mi físico se compone de:

A. Cabeza (cabello, piel, orejas, cejas, ojos y contorno; frente, nariz, labios, pelos de la cara-barba-bigote, barbilla, expresiones faciales, arrugas (en ocasiones: cicatrices, lunares, manchas, verrugas, condiciones de la piel como soriasis etc.)

B. Cuello (longitud, grueso, arrugas, cicatrices, lunares, manchas, verrugas, color de piel, condiciones de la piel).

C. Hombros (estrechos, amplios, grueso, flaco, promedio, cicatrices, lunares, manchas, verrugas, color de piel, condiciones de la piel, deformidades musculares u óseas).

D. Espalda (color de piel, condiciones de la piel, deformidades óseas o musculares, cicatrices, tatuajes).

E. Torso frontal masculino o femenino. Área pectoral (pecho del varón), senos, masa muscular, pelos, cicatrices, deformidades, condiciones de la piel, marcapasos cardiaco).

F. Área abdominal (poca masa muscular, dilatado o barrigón(a), marcas o estrías, color de piel, manchas, cicatrices, tatuajes).

G. Glúteos (pequeños, grandes, firmes, flácidos, caídos, elevados, anchos, angostos, cicatrices, marcas o deformidades).

H. Genitales masculinos (pene pequeño, pene grande, pene promedio, deformidades pineales, condiciones de salud, dificultades sexuales).

I. Genitales femeninos (labios grandes, labios pequeños, flacidez de los labios, clítoris diminutopromedio-grande, estrechez vaginal, dilatación vaginal, himen, condiciones de salud).

J. Capacidad para concebir o procrear.

K. Área anal (normal, estrecha, dilatada, condiciones de salud en área anal).

L. Muslos (gruesos, delgados, cortos, largos, condiciones de la piel, deformidades, cicatrices o tatuajes).

M. Rodillas (pronunciadas, gruesas, deformes, condiciones de salud).

N. Pantorrilla y parte frontal de la pierna (gruesa, delgada, musculosa, delicada, condiciones de la piel, vellosidad, deformidades).

O. Tobillos (pronunciados, ocultos, condiciones de la piel, deformidades).

P. Pies (grandes, proporcionales a su estatura, pequeños, dedos grandes-deformes, uñas, piel).

Externamente, comenzamos por el cabello y terminamos con los pies. Internamente, existen tantos órganos y condiciones que no terminaría mi libro, simplemente mencionándolos. Nuestro físico es una maravilla excepcional. Podríamos hablar de lo maravilloso de una mano o de las virtudes y capacidades del ojo, ni hablar sobre nuestro sistema nervioso. Lo pertinente, es que una gran parte, sino todo, lo podemos transformar en menor o en gran medida. Si quiero.

¨Si no puedo cambiar la verruga que tengo en la nariz por lo que me siento acomplejado, puedo lograr que me importe un carajo tenerla y dejar de sentirme acomplejado¨.

La tecnología, la medicina reconstructiva, la cirugía plástica, el descubrimiento de nuevos poliésteres, técnicas de maquillaje, robótica, implantación de miembros artificiales y otros pueden lograr cubrir las exigencias de muchas de las personas que desean cambiar parte de su físico o gran parte de su físico. Por otra parte, reconociendo que el ser humano no tiene que cambiar su físico para sentirse bien, también existen modelos de pensamiento psicológico que capacitan a las personas a cambiar su estado psicológico, más que su estado físico.

II. Estructura del Ser. Aspecto psicológico.

Pretender exponer todas las teorías que intentan describir, explicar o conceptualizar el aspecto psicológico del ser humano conllevaría a un enorme libro de texto con resúmenes de los distintos autores sobre sus teorías. No pretendo aburrirlos con tantos datos, pero es pertinente señalar un breve resumen, para que usted se ubique en un estilo de pensamiento práctico, sin entrar en los análisis del inconsciente colectivo de Sigmund Freud u otros.

Las teorías de las que surgen las conceptualizaciones del aspecto psicológico del hombre se derivan básicamente de las siguientes:

A. Biológicas - presuponen que el ser humano piensa y actúa como resultado de la relación del organismo con el ambiente. Mis pensamientos, emociones y decisiones resultan de reacciones químicas y procesos biológicos endógenos.

B. Psicoanalíticas y seguidores. Teorías del Inconsciente - El ser humano piensa y actúa como resultado de la interacción de fuerzas intrapsiquicas del inconsciente. Mis pensamientos, emociones y decisiones resultan de la interacción entre el Id el Ego y el Superego.

C. Causales - El ser humano piensa y actúa como resultado de la respuesta a estímulos del ambiente. Los pensamientos, emociones y decisiones son la causa de la interacción con el ambiente.

D. Existenciales - El ser humano piensa y actúa como resultado de la interacción Objeto-Sujeto. La relación entre la esencia y la existencia permea todo el ámbito psicológico humano. Los pensamientos, emociones y decisiones surgen de la concepción del individuo entre Objeto y Sujeto en su posición existencial en el mundo.

E. Espirituales - El ser humano piensa y actúa como resultado de la influencia de seres espirituales que dirigen su vida. Los pensamientos, emociones y decisiones son el resultado de la interacción con seres espirituales que rigen el destino.

F. Racionales - El ser humano piensa y actúa como resultado de su capacidad para razonar y tomar decisiones libremente. Los pensamientos, emociones y decisiones son el resultado del razonamiento, análisis mental, ideas y pensamientos que el ser humano crea.

Dentro de las Teorías Racionales están las conocidas como Cognitivo-conductuales, que se dividen en:

1. Las que conceptualizan que el actuar y sentir humano depende esencialmente de dos tipos de pensamientos (Pensamientos racionales y Pensamientos irracionales).

2. Las que conceptualizan que el estado psicológico del ser humano depende de sus actos.

3. Las que conceptualizan el estado psicológico del ser humano como el resultado de la forma en que evalúa la situación en que siempre se encuentra. La diferencia entre situación y problema.

Cada una de estas versiones tiene importantes teóricos seguidores, que las apoyan con escritos incluidos en miles de libros y millones de artículos.

Si piensa exponer sobre este tema, tiene mucha información para el estudio.

Sea Otro. En este libro, le ahorro muchas horas de investigación seria y le extiendo un puente conceptual para lograr un cambio significativo en su vida.

De la misma manera que usted sigue las indicaciones cuando acude a su médico y le prescribe que debe tener un Examen de Tomografía Computarizada (C.T.Scan) de alguna parte del cuerpo y le extiende una receta en una hoja de papel, de lo cual usted no logra descifrar la escritura, muchas veces, pero, sin preguntarle cuales son los componentes químicos de las sustancias, sus efectos primarios o secundarios ni siquiera el precio. Acude a una Farmacia, lo adquiere, lo consume según el mandato y se sienta a esperar la cura. Más que conocimiento, usted demuestra confianza en el profesional y sobre todo fe en que va a funcionar.

Usted, no me conoce. No le voy a pedir que confíe ciegamente en mis conocimientos o tenga fe en mí.

Quiero que crea en USTED MISMO, en sus capacidades, conocimientos y fe en el poder que el Ser Todo poderoso le dio.

Sin demasiada explicación ni procedimientos discursivos, pero con la suficiente responsabilidad profesional para recomendarle un procedimiento clínico, que discierne el escalpelo del serrucho, le sugiero que establezca para el cambio psicológico, los siguientes instrumentos de trabajo:

Numero 1.

Creo sin duda alguna, que tengo la capacidad de tomar decisiones libremente. Esto implica, que yo y solo yo soy responsable de mis actos. No soy responsable de las decisiones o actos de otras personas.

Numero 2.

Nada es necesario.

Numero 3.

Soy único en el cosmos.

Numero 4.

Tengo el derecho de buscar mi felicidad de igual o distinta manera que lo tienen los demás.

Numero 5.

La seguridad no existe.

Numero 6.

El único que sabe es Dios. Yo como ser humano opino o creo.

Numero 7.

Puedo cambiar. No tengo el poder de cambiar a otra persona.

Numero 8.

Soy un ser imperfecto, por lo que cometo errores y lo acepto con humildad.

Numero 9.

Tengo la capacidad de sentirme bien, pero no tengo la capacidad de cambiar el estado emocional de otra persona.

Numero 10.

Toda persona tiene la capacidad de ser feliz.

Numero 11.

Todo cambio significativo para mí implica ansiedad en un mayor o menor grado. No hay cambio sin ansiedad. Debo estar dispuesto a aceptarlo.

Numero 12

Los mayores éxitos en la vida humana se guardan en la memoria, no en un banco.

Numero 13

Los ¨TODOS, SIEMPRE, ETERNAMENTE, NUNCA, JAMÁS, NINGUNO, NADA¨ y los conceptos universales debemos borrarlos de nuestra forma de pensar, ya que no existen. Debemos sustituirlos por ¨ALGUNOS, A VECES, TEMPORAL, POR AHORA, POR LO PRESENTE y corregir o evitar pensar en conceptos universales de constancia invariable o seguridad absoluta.

Numero 14.

No estoy determinado, obligado, condenado o destinado a ser como soy.

Numero 15.

En la historia de la humanidad ha sido tan trascendente el primer paso del hombre en la Luna como un estornudo.

Espero, que reflexione sobre los instrumentos que pongo en su mesa de trabajo. Si los usa mal, el paciente será usted, por lo que recibirá las consecuencias. La lógica y la congruencia en todo cambio psicológico deben medirse de acuerdo con los instrumentos conceptuales descritos. Es decir: Si he reflexionado y en el Numero 1. ¨Creo sin duda alguna, que tengo la capacidad de tomar decisiones libremente¨, no voy a creer que realice un acto por que otro me dijo que lo hiciera o porque fue decisión de otro. Si decido hacerle caso a otro, la decisión es mía y la responsabilidad es mía. Echar a otras culpas como responsabilidades de mis actos solo me conduce a la estupidez, al fracaso y a la infelicidad. Toda acción implica riesgo.

De la misma forma que un cirujano tiene un bisturí en la mesa de operaciones, no basta con que tenga el instrumento. Tiene que saber utilizarlo y ese instrumento debe tener unas cualidades, como estar esterilizado, afilado, colocado en su orden etc... Los instrumentos psicológicos descritos se deben aprender a manejar diariamente, para tener la destreza para utilizarlos, los afila la lógica y la coherencia, les da luz la consistencia; la paciencia y la tolerancia son la energía, la disposición es la motivación interna y el pago por la dedicación y el trabajo es el éxito. Con estos instrumentos podemos transformar:

- Carácter

- Emociones especificas como el coraje, la tristeza, depresión y ansiedad.

-Sentimientos de soledad, sentimientos de rechazo.

- Baja autoestima, prepotencia, discrimen por razón de raza, sexo etc.

- Trastornos del estado anímico

- Trastornos sexuales

- Problemas en las relaciones humanas.

- Productividad

- Intelecto

- Grado de felicidad

- Otros.

III. Estructura del Ser. Aspecto espiritual.

Discutidos los aspectos Físico y Psicológico nos dirigimos al Aspecto Espiritual, como parte esencial en la estructura del ser humano y el tercer punto esencial para operar un cambio significativo y Ser Otro. Claro, si usted piensa arreglarse un diente en el Odontólogo, no va a realizar un cambio significativo en su vida por lo que no va a entrar a transformar necesariamente sus aspectos psicológico y espiritual.

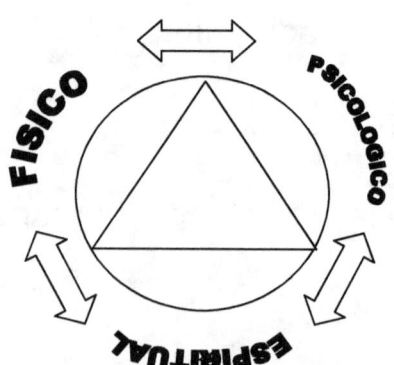

Cuando pensamos en las bases de la formación espiritual de una persona, nos preguntamos:

¿En qué cree?, ¿Cree en Jehová, Buda, Ala, Satanas o tiene una diversidad de creencias? Las concepciones religiosas se pueden clasificar:

- Teísmo: es la creencia en una o más deidades. Dentro del teísmo cabe distinguir entre:
  - Monoteístas: aquellas religiones que afirman la existencia de un solo dios, que a menudo es el creador del universo. Las religiones monoteístas más numerosas son el cristianismo y el islamismo. Otras más minoritarias son el judaísmo y el zoroastrismo[17] [18] [19] [20] o la fe bahai.
  - Politeístas: creen en la existencia de diversos dioses organizados en una jerarquía o panteón, como ocurre en el

hinduismo, el shinto japonés, o las antiguas religiones de la humanidad como la griega, la romana o la egipcia. También cabe incluir aquí la mayoría de corrientes del neopaganismo moderno.

- Henoteístas: el orientalista alemán Max Müller acuñó este término en el siglo XIX para referirse a la creencia en un solo dios en la que se admiten otras deidades, como sucedía en la antigua religión egipcia especialmente con Akenatón. Aunque ya en la época de Muller resultó un término problemático,[21] quedó con el tiempo incluido académicante dentro de politeísmo, panteísmo, etc., dependiendo del caso histórico. Actualmente, algunas sectas y cultos neopaganos han resucitado el término o Dualistas: aquellas religiones que suponen la existencia de dos principios o divinidades opuestos y enfrentados entre sí, aunque solo uno de ellos suele ser merecedor de veneración por sus fieles, mientras que el otro es considerado demoníaco o destructivo. Cabe incluir en esta categoría el maniqueísmo y el catarismo.

- No teístas: Hay religiones como el budismo y el taoísmo que no aceptan o no reconocen la existencia de dioses absolutos o creadores universales, o bien les otorgan funciones menores o muy específicas (como, por ejemplo, la creencia taoísta en el emperador de Jade). En ocasiones, estas deidades son vistas como recursos metafóricos utilizados para referirse a fenómenos naturales o a estados de la mente.

- Panteísmo: es la creencia de que el universo, la naturaleza y Dios son equivalentes.

Dentro de cada vertiente o filosofia religiosa existen variantes, grupos sectarios y otras clasificaciones. Por dar un ejemplo dentro del cristianismo esta la Religión Católica, Protestantes, Evangélicos, Jesuitas, Franciscanos, Hijos de Cristo, Carismáticos y otros.

Ubicándonos en el mundo religioso obtenemos los siguientes datos:

Las diversas religiones gozan de buena salud en número de seguidores y su número ha aumentado en todo el mundo, a pesar de que no existe hasta la fecha una estadística fiable del número de seguidores de las religiones del mundo. Cada religión suele aportar sus propios cálculos estimativos, que a menudo suelen sumar seguidores sin criterios demasiado científicos, tales como geografía, ritos tempranos de iniciación (bautismos infantiles, etc.) o la pertenencia familiar. En la siguiente estadística se muestra el cálculo estimativo aportado por las diferentes religiones. A falta de datos actualizados, aquellas que no han hecho públicos sus cálculos muestran aquí el recopilado en el sitio adherents.com, dependiente de una organización cristiana evangélica estadounidense.

- cristianismo: 2300 millones
- islamismo: 1977 millones
- budismo: de 200 millones a 1600 millones
- hinduismo: 900 millones
- religión tradicional china: 394 millones
- religiones indígenas: 300 millones
- religiones afroamericanas: 100 millones
- sijismo: 23 millones
- espiritismo: 15 millones
- judaísmo: 13,3 millones
- bahaísmo: 5 millones
- jainismo: 4,2 millones
- sintoísmo: 4 millones
- caodaísmo: 4 millones

- zoroastrismo: 2,6 millones
- tenrikyō: 2 millones
- neopaganismo: 1 millón
- unitarismo universalista / unitarismo + universalismo: 0,8 millones
- rastafarianismo: 0,6 millones

Durante la formacion espiritual, regularmente el ser humano se ubica en alguna conceptualización del mundo, pero en ocasiones con elementos de otras religiones o vertientes, Existen variantes para escoger:

Lista de las principales religiones actualmente practicadas en el mundo, por orden alfabético.

- Bahaísmo: fundada por Bahá'u'lláh (1817-1892), considerado por sus creyentes como el prometido de todas las religiones. Su enseñanza central es la unidad de la humanidad.
- Budismo: fundada por Buda en el siglo VI a. C. Actualmente extendida por todo

el mundo a excepción de la mayoría de los países africanos.

- o Majaiana: movimiento de reforma surgido en el siglo I. Es el más numeroso actualmente. Asentada originalmente en China, Japón y el Sudeste asiático.

- o Theravada: rama más antigua del budismo surgida alrededor de la primera compilación budista escrita. Asentada originalmente en India y el Sudeste asiático

- o Vashraiana: parte del mahayana pero definido propiamente por su influencia del tantrismo hindú. Asentada originalmente en la región de los Himalayas, Kalmukia, Japón y Mongolia.

- Confucianismo: sistema ético y moral que rige la sociedad china. No es propiamente una religión, si bien esta denominación es discutida.

- Cristianismo: centrada en la figura de Jesús de Nazaret (siglo I) y sigue las enseñanzas de La Biblia. Presente en casi todo el mundo, excepto el norte de África y gran parte de Asia (presente en Rusia, antiguos países soviéticos asiáticos y Filipinas). Oceanía: Islas Marianas, Kiribati y Palaos.

  - Iglesias orientales católicas: agrupa a 22 iglesias que aceptan la autoridad del papa católico romano pero mantienen ritos independientes.

  - Iglesia veterocatólica: originada dentro del catolicismo romano, se separó del mismo al rechazar el dogma de la infalibilidad papal (creado en 1870 por el papa Pío IX).

  - Iglesia copta: iglesia proveniente del cristianismo en África. Su origen radica en el Patriarcado de Alejandría que se separó del resto del cristianismo en el año 457. Se trata de los cristianos nativos de Egipto (coptos), de teología no calcedoniana. Principalmente en Egipto, Etiopía y Eritrea.

- Movimiento rastafari: rama surgida de la Iglesia Copta que considera a Haile Selassie (autonombrado emperador de Etiopía) un enviado de Dios para la liberación de África.

o Iglesia ortodoxa: iglesia proveniente del cristianismo en Europa Oriental y Asia Menor. Está presente principalmente en Rusia, Grecia y buena parte de la Europa del Este (excepto Albania, Croacia, Hungría, Eslovaquia y Polonia), además de Georgia, Kazajistán y Chipre en Asia. Actualmente se ha expandido alrededor del mundo principalmente gracias a emigrantes de esos territorios.

- o <u>Mormonismo</u>: fundado en 1830 por <u>Joseph Smith</u>. Su nombre oficial es: «La Iglesia de Jesucristo de los Santos de los Últimos Días».

- o <u>Iglesia anglicana</u>: surgida por la escisión creada por <u>Enrique VIII</u> (1491-1547) de la iglesia católica romana. Se considera a sí misma como católica y como la «vía media» entre catolicismo y protestantismo. Es la religión predominante en Inglaterra, Nigeria y Australia.

  - • <u>Iglesia Episcopal</u>: derivada de la Iglesia anglicana y con presencia en los Estados Unidos de América.

- o Protestantismo: conjunto de iglesias cristianas aparecidas desde el siglo XVI tras la reforma de Martín Lutero y escindidas de la Iglesia Católica. Actualmente es la religión mayoritaria en el norte de Europa. Estados Unidos, Guatemala, Bahamas, Antigua y Barbuda, Jamaica, Barbados y San Vicente y las Granadinas en América. Nigeria, Lesoto, Botsuana, Namibia, Kenia, Suazilandia y Sudáfrica en África. Australia, Nueva Zelanda, Fiyi, Micronesia, Papúa Nueva Guinea, Tonga y <u>Tuvalú</u> en Oceanía.

- Luteranismo: fundado por Martín Lutero (1483-1546) rechazando la autoridad del papa católico. Es la religión predominante en Alemania, Suecia, Finlandia, Noruega, Estonia, Dinamarca, Letonia e Islandia.
- <u>Calvinistas</u>: profesan la doctrina de Juan Calvino (1509-1564). Actualmente agrupa a numerosas iglesias protestantes reformadas de Suiza,

Francia, Países Bajos, Australia y Estados Unidos Predominan en Escocia.

- Baptista: surgida en el siglo XVII desde el protestantismo.

- Metodismo: movimiento surgido desde el protestantismo en Gran Bretaña, en el siglo XVIII. Extendido por Estados Unidos.

- Pentecostalismo: movimiento impulsado en 1901 por Charles Fox Parham, predicador metodista de Estados Unidos.

- Cuáqueros: movimiento protestante fundado en el siglo XVII en Inglaterra, rechaza la jerarquización del protestantismo y se centra en la «luz interior» o chispa divina en cada ser humano.

- Unitarios: nace a partir del pensamiento desarrollado principalmente por Miguel Servet y Fausto Socino en el siglo XVI, niega la Santísima Trinidad y afirma el uso de la razón en la religión.
- Universalistas: surge del metodismo inglés aunque arraiga principalmente en Estados Unidos, afirma la salvación universal y la inexistencia del infierno.
  - Iglesia Unificada de Cristo: formada en 1957, agrupa a iglesias reformadas, evangélicas y congregacionales de Estados Unidos.
  - Iglesias adventistas o derivadas del adventismo: familia de iglesias de carácter conservador o literalista, la mayoría originadas en Estados Unidos, que esperan un inminente retorno de Cristo.

- Davidianos: fundada en el siglo XX.

- Cristadelfianos: fundada en 1844, son evangélicos de teología unitarista.

- Conferencia General de Dios: fundada en 1921.

- Iglesia Adventista del Séptimo Día: fundada en 1863.

- Iglesia de Dios y los Santos de Cristo: fundada en 1896.

- <u>Adventistas del Séptimo Día</u>: fundada en 1845.

- Testigos de Jehová: fundada en 1870 y conocidos como «los estudiantes de la Biblia» hasta 1931. Presentes en 236 países.

- Espiritismo: fundado en Francia en 1857. Basado en los libros del escritor francés Allan Kardec.

- Hinduismo: originada en la India. Agrupa distintas creencias alrededor de las Escrituras hinduistas (aprox. de fines del I milenio a. C.).

- Advaita Vedanta: basada en la doctrina *vedanta* y el *prasthana trayi* (tres textos canónicos de las doctrinas hinduistas).
- Krisnaísmo: se centra en el dios Krisná.
- Shivaísmo: se centra en el dios Shivá; sus seguidores se llaman shivaístas. El texto más antiguo es del siglo V a. C. aprox.
- Visnuismo: se centra en el dios Visnú.

- **Indígenas**: religiones practicadas por grupos y sociedades tribales y clánicas de todo el mundo. Tribales de África, América, Asia, Oceanía y Europa: lapones, esquimales, aborígenes, maoríes, shinto japoneses, son de carácter mágico, chamánico y animista.
  - Africanas: agrupan multitud de creencias transmitidas oralmente.
    - Yoruba (yorubá): de ella se derivan multitud de sincretismos en toda América.

- Vudú: originada en África Occidental y asentada en el <u>Caribe</u> y sur de Estados Unidos.

- Santería: originada desde un sincretismo entre el animismo y las creencias cristianas.

- Candomblé: de origen totémico, es un sincretismo de religiones afrobrasileñas.

- <u>Kimbanda</u>: originada en Brasil por el sincretismo del cristianismo con religiones africanas y creencias cristianas.

- Umbanda: originada desde un sincretismo entre candomblé, el kardecismo espiritualista y las creencias cristianas.

  o Animismo.

  o Americanas: realizan un culto a la naturaleza y pueden utilizar plantas y elementos psicoactivos como el <u>peyote</u>.

    - Andinas: recogen elementos de la mitología incaica y de otras antiguas, realizando un sincretismo chamanista.

- Mexicanas: recogen elementos de la mitología azteca y maya realizando un sincretismo chamanista.

o Asiáticas: que incluyen los cultos animistas y chamánicos de:

- Bön: religión tradicional de Tíbet.
- Chamanismo extendido por toda Asia en poblaciones tribales.
- Chondogyo de Corea.
- La religión tradicional china.

o Australianas: practicadas por los aborígenes de Australia, suelen usar la interpretación de sueños.

o Brujería.

o Chamanismo.

o Fetichismo.

o Totemismo.

- Islam: basado en las enseñanzas del *Corán*, escrito por el profeta Mahoma a principios del siglo VII.

  o Chiismo: siguen el <u>Ahl al-Bayt</u> o autoridad de los descendientes de Mahoma. Fue establecida por los descendientes de Mahoma. Es la segunda afiliación más grande al islamismo, después del sunismo.

  o Sufismo: el sufismo no es propiamente una rama del islamismo, sino una tradición mística que aparece tanto con seguidores chiíes como suníes.

  o Sunismo a diferencia de los chiíes, los suníes aceptan el califato de <u>Abu Bakr</u> (573-634). Es la rama más grande del islamismo.

<u>Judíos</u> orando en la sinagoga en Yom Kipur, por Adolph Gottlieb

- Jainismo: ver yainismo.
- Judaísmo: basado en las enseñanzas de la *Torá* (el actual <u>*Antiguo testamento*</u>) y el *Talmud*. Principalmente en Israel, pero después de la diáspora están extendidos en el mundo.
  - Conservador: llamado *maserti*. Señalan la importancia del movimiento sionista en el judaísmo.
  - Ortodoxo: llamado *haredi*. Es la línea teológica más conservadora del judaísmo.
  - Reformista: línea reformista y liberal dentro del judaísmo
  - Secular: el judaísmo secular es aquel que se ve independiente de organizaciones.
  - Caraísmo

- Mandeísmo: una religión muy antigua que parece ser descendiente del antiguo gnosticismo y rinde culto a Juan el Bautista. Probablemente son los sabeos mencionados en el *Corán*. Cuenta con 38.000 seguidores, casi todos en Irak.
- Neopaganismo: se refiere a todos los movimientos religiosos que reconstruyen antiguas creencias del paganismo, principalmente del europeo. Sus principales ramas son:
  - Asatrú: neopaganismo fundamentado en las creencias de los antiguos <u>pueblos nórdicos</u> y germanos.
  - Celtismo: neopaganismo celta.
  - Dodecateísmo: neopaganismo griego basado en la creencia en los <u>dioses griegos</u>, centrándose en los doce dioses olímpicos.

- Dievturība: neopaganismo báltico en Letonia.
- Etenismo: neopaganismo germano.
- Kemetismo: neopaganismo egipcio. Nuevo culto neopagano de afroamericanos, hacen uso del término en Estados Unidos. Algunos de estos cultos tienen carácter destructivo.[22] Kemet significa 'negro' predicando así diversos grados de supremacía negra.
- Neodruidismo: neopaganismo druida.
- Orfismo: neopaganismo griego que centra su culto en la vida de Orfeo y en las deidades ctónicas, tales como Nix, Erebo, y Perséfone.
- Pastafarismo: religión paródica creada para ridiculizar el creacionismo cristiano.
- Pitagorismo: neopaganismo griego que sigue las enseñanzas de Pitágoras.

- Romuva: neopaganismo báltico en Lituania.
- Streghería: 'brujería' ritual italiana (*strega* significa 'bruja').
- Wicca: religión neopagana que retoma las tradiciones de la antigua religión de la brujería.

- Shinto: religión nativa de Japón, en su origen chamánica y animista. Es seguida por muchos japoneses.
- Sijismo: fundada por Gurú Nanak en el siglo XV en la región del Panyab (India).
- Samaritanismo: una rama disidente del judaísmo, muy antigua, con sede en Samaria (Israel), que es pretalmúdica y de hecho no reconoce al *Talmud*.
- Taoísmo: conjunto de enseñanzas filosóficas y religiosas originadas en China partir de Lao-Tse (Laozi) en el siglo VI a. C.

- Yazidismo: una religión autóctona de Kurdistán de influencias islámicas y zoroástricas seguida por alrededor de 200.000 kurdos. Profesan culto a los ángeles y arcángeles de las religiones abrahámicas, dándoles una explicación propia.

- Yainismo: fundado en la India en el siglo VI a. C. por Majavirá.

- Zoroastrismo: de orígenes inciertos, aparece como religión alrededor del siglo V a. C. Sus enseñanzas se basan en el profeta y poeta Zoroastro del antiguo Imperio persa.

Despues, de presentar esta amplitud de vertientes religiosas y controversialmente religiosas, buscamos la ubicación de la formacion religiosa en una o más vertientes. Usted puede decir que es Catolico, Cristiano, pero tiene creencias en el Espiritismo y practica Santeria. Esta complejidad de creencias en frecuente en nuestra sociedad. Catolicos que asisten a espiritistas, a Astrologos y otros. La estructura en la conformacion espiritual del ser humana es una compleja, pero definible. Sobre todo, amable lector, debe convencerse de que la amplitud de alternativas teoricas expuestas y las miles de combinaciones de marcos teoricos están a su disposición.

¨Puedo cambiar la estructura de mi formación espiritual, si me lo propongo¨. (Jarodroche 2013).

En estos momentos, quizás esté pensando: ¿Cambiar mi religión, mi fe, en la que he creído toda mi vida? Si usted quiere, si se puede. Puede dejar de creer en **X** y creer en **Y**. Me puedo convertir del Cristianismo al Islamismo o en otro tipo de creencia cuando yo quiera. ¿Pero eso implicaría un cambio drástico en mi filosofía de vida, visión de mundo, actitud ante los demás, costumbres etc.? **Claro que sí**.

Sea Otro, quiere que despierte a su potencial de cambio.

¨Tiene a sus pies el resto de su vida¨.

CAPITULO III

Personalidad.

Definición: Etimología de la palabra persona. La palabra *persona* deriva del griego *prosopon*, que era la máscara que utilizaban los actores en las representaciones teatrales. En Roma, Cicerón (siglo I) usó el término persona con cuatro sentidos diferentes que son subyacentes a los diversos significados que tiene actualmente: 1) la imagen que mostramos ante los otros (no como uno es en realidad); 2) el papel que tiene el comediante en la obra y que cada uno representa en la vida; 3) la interacción de las calidades del individuo orientadas a la acción (en este sentido se basan algunas definiciones psicológicas); 4) como sinónimo de prestigio y dignidad. En esta última acepción se basa la consideración común de este término.

Para nuestros propósitos, debemos entender que, personalidad es una serie de características que hacen diferente a una persona de otra. Por lo tanto, no existen dos personalidades iguales. Su personalidad es única en el universo.

En este escrito, agrupamos teorías biológicas, psicológicas y espirituales para dirigirnos a su utilización y no necesariamente a la discusión académica de sus contenidos. Es decir. Podemos hablar sobre el metal, la madera y la construcción de un martillo, pero vamos a enfatizar para qué me sirve un martillo en mi vida. Tratando de simplificar una conceptualización integral del ser humano, recurrimos a los tres aspectos que conforman la esencia del ser (Físico, psicológico y espiritual). Tenemos la capacidad de transformar uno, dos o los tres aspectos. Es frecuente, pero no determinante, que una vez opere un cambio en uno de estos aspectos, se afecte uno o los dos aspectos relacionados. Podemos explicarlo utilizando la simbolización lógica de la lógica matemática:

LEYENDA:

A= Físico   B= Psicológico   C= Espiritual

Ɔ= Entonces   .=y   ¬=No

DECLARACIÓN:

<u>Cambio mi Físico</u>, <u>entonces</u> <u>cambio mi estado</u>
      A   Ɔ   B

<u>Psicológico y</u>   <u>cambio mi estado espiritual</u>.
     .   C

Posición 1

AƆ(B.C)
AƆB . AƆC

66

Posicion 2

A⊃ ¬ (B .C)
A⊃ ¬B
A⊃¬C

Posición 3

B⊃(A.C)

B⊃A . B⊃C

Posición 4

B⊃¬(A.C)

B⊃¬A.C

B⊃A.¬C

Posición 5

C⊃(A.B)

C⊃A . C⊃B

C⊃¬(A.B)

C⊃¬A . C⊃¬B

Necesariamente, un cambio en uno de los aspectos no tiene que implicar un cambio en otro o los dos aspectos. Pero, se encuentran en nuestra cultura características en la personalidad que denotan cambios en más de un aspecto una vez se realiza un cambio en un aspecto. Es decir: Observamos que cuando ocurren cambios significativos en el aspecto físico de una persona, regularmente su aspecto psicológico tiene cambios desde leves a significativos. Igualmente, cuando hay cambios significativos en el aspecto psicológico, en muchas ocasiones se pueden recoger indicadores de cambios en el aspecto físico. Cambios significativos en el aspecto espiritual, (como el cambiar de religión) regularmente, recogemos indicadores de cambios en el aspecto físico y psicológico. Claro, se pueden dar unos y no otros. Me explico. Puedo hacer cambios significativos en mi aspecto físico y no psicológico y espiritual. Cambios en mi estado psicológico y no en mi aspecto físico y espiritual o cambios en mi aspecto espiritual pero no en mi aspecto psicológico o físico.

A⊃ (B.C) o (B.¬C) o (¬B.C) o ¬(B.C)

B⊃(A.C) o (A.¬C) o (¬A.C) o ¬ (A.C)

C⊃(A.B) o (A.¬B) o (¬A.B) o ¬ (A.C)

A través de mis estudios y práctica en la psicología clínica, me he encontrado personas con pequeños cambios en distintos aspectos (físicos, psicológicos o espirituales) que han cambiado de forma significativa sus vidas. Escribí mi tesis doctoral sobre el ¨Estigma¨, a lo que dedico el próximo capítulo por su particular importancia al establecer un procedimiento de cambio o transformación.

Capítulo IV

El Estigma

El aspecto psicológico en el ser humano permea toda la estructura de su formación. La forma de pensar, las ideas y ¨**el grado de importancia**¨ que le otorgamos a lo particular puede significar el deseo de un cambio desde pequeño o leve a grande. Un cambio considerado pequeño puede significar en un cambio o transformación mayor en otros aspectos. Por ejemplo: Uno de mis clientes en psicoterapia, tenía una verruga congénita en el lado izquierdo de la nariz. Verruga que también tenía su abuela materna, quien se distinguía en la comunidad por dedicarse al espiritismo por el cual tenía un Centro o local para estos fines. La llamaremos María para fines explicativos. María, se avergonzaba de su verruga y más que la compararan con su abuela espiritista. María siempre se consideró fea, se alejaba de los grupos y prefería estar sola, siempre por temor a que le señalaran la verruga "como la de su abuela espiritista". Mostraba la tendencia a cambiar la cara cuando hablaba de forma en que se ocultara el lado de la nariz donde estaba la verruga. Su malestar no provenía de la verruga en la nariz, que por su tamaño no media más de 1/4 de pulgada, sino de la exagerada importancia que le daba María a sus pensamientos siempre irracionales. No es lo mismo el pensar que: La verruga es fea, que la verruga es horrible, que la verruga me hace la mujer más fea del mundo, que soy el ser más despreciable que la naturaleza a parido. La intensidad o la importancia que se le añade al pensamiento afectan directamente su implicación en el aspecto psicológico y/o espiritual.

Distingo en tres las situaciones que pueden afectar los tres aspectos de la formación humana (físico-psicológico-espiritual) y los señalo como El

Estigmatizado, El Autoestigmatizado y el Estigmanóico.

El Estigmatizado, es la persona a la cual se trata despectivamente, se rechaza, se le trata como indigno, se considera como de poca valía, se les niega sus derechos y se le cierran las puertas por ser lisiado (con algún impedimento físico o psicológico). No hablamos de lo que piensa la persona, sino de lo que es objeto la persona en su entorno social. Es por lo tanto, importante para la persona estigmatizada que aprenda a operar un cambio. Si no puede superar su aspecto físico puede operar un cambio en sus aspectos psicológico y/o espiritual. En próximos capítulos expondremos el ¨Cómo¨.

El Autoestigmatizado

En esta ocasión, nos encontramos con la persona que se conceptualiza a sí mismo como inválido o lisiado, de esta forma, confecciona una identidad de fracaso y una pobre autoestima. Se convierte en una persona bien pasiva y espera recibir un trato distinto por los demás. Planifica su vida con los que considera sus iguales o en un grupo reducido de familiares o amigos por circunstancias. El lisiado que se autoestigmatiza se devalúa, se considera poca cosa en comparación con los no lisiados. En mi práctica clínica me encontré a quien llamare Carmen, a quien le faltaba un brazo desde su hombro. Esta abandonó la escuela, porque según ella, ¨era una inválida que no podía tener aspiraciones, ni pensar como los demás ya que era una anormal y que no podía hacer nada¨. Decía además, ¨Soy una impedida y donde pertenezco es a mi casa¨. La autoestigmatización implica dos errores distintos: el inferir su capacidad total de su impedimento y en el segundo el concluir su infelicidad por su incapacidad parcial. Se hace patente, para un autoestigmatizado, una transformación, que puede ser en uno, dos o los tres aspectos de su formación como ser humano. Discutiremos las alternativas más adelante.

El Estigmanóico

Una evaluación inadecuada de la situación de lisiado, es cuando considera que todo el mundo lo estigmatiza y lo trata distinto porque es lisiado. De esta forma, comienza por sentirse protegido o rechazado por los demás, ya que su paranoia con el estigma puede abarcar todas las situaciones en su interacción con los demás. Me atrevería a opinar, que la Estigmanoia, puede afectar los tres aspectos esenciales de la formación humana (físico-psicológico-espiritual). Es importante, que las personas Estigmanoicas, puedan lograr un cambio significativo y mejorar su calidad de vida.

El aspecto psicológico, por lo tanto, será un instrumento esencial para mediar con los aspectos físico y espiritual. Considerando que el esperar un éxito total en todas las situaciones que queramos experimentar un cambio, tenemos que considerar también el éxito parcial.

CAPITULO V

El equilibrio o balance existencial.

Encontrar a un ser humano completamente satisfecho con todo en la vida, es poco probable sino imposible. Quien está contento con su estado físico, no es necesariamente cierto que emocionalmente se sienta satisfecho o tenga sus conflictos en el aspecto espiritual de su vida.

Lograr un balance perfecto, entre los aspectos físico-psicológico-espiritual, es una meta ambiciosa.

Regularmente encontramos que los tres esenciales aspectos de nuestra formación humana, se complementan, se apoyan y se sostienen para lograr un equilibrio aceptable para la convivencia humana en sociedad. Encontramos personas que se definen como: (1) ¨Soy feo, pero me siento bien y soy feliz con Cristo en mi vida". (2) "Soy bipolar pero guapo y un hijo dichoso de Jehová quien me fortalece", (3) "Dios me ha abandonado, pero tengo dinero y me disfruto la vida para ser feliz". Si analizamos estas aseveraciones, nos damos cuenta que en la primera, el aspecto físico se considera como feo, pero su estado psicológico y su aspecto espiritual crean un equilibrio en su vida. El ejemplo número dos, expone un estado psicológico afectado, pero un estado físico que considera adecuado y una relación espiritual fortalecida, según él. En el tercer ejemplo, se considera con dificultad en su aspecto espiritual, pero en su aspecto físico y psicológico se evalúa como "feliz". Podemos visualizar gráficamente esta explicación, totalizando la suma de los aspectos físico-psicológico-espiritual, desde distintas situaciones.

GRAFICA ILUSTRATIVA

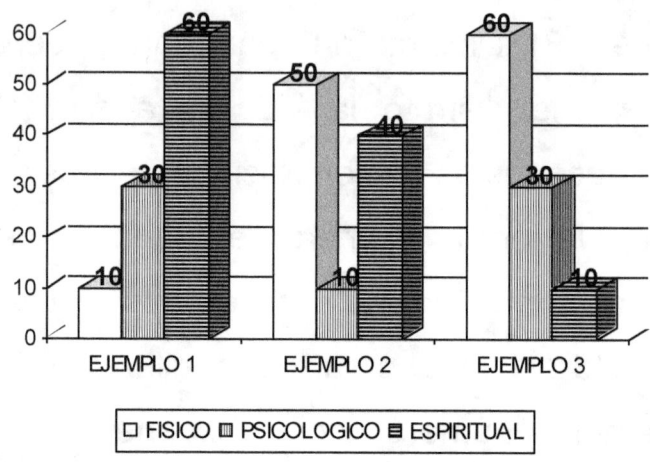

Observamos una suma de un 100% entre los tres aspectos (físico-psicológico-espiritual). El compensar un aspecto con otro para lograr un estado de bienestar puede implicar un equilibrio ¨saludable¨, aunque en ocasiones nos parezca lejos de la norma social. Encontramos personalidades excéntricas, tipos raros o personas tan distintas a nosotros que se nos dificulta entender su forma de estar en el mundo. Sin embargo, no juzgo su proceder siempre que no afecten adversamente a otros seres humanos. Es imperioso un cambio o transformación cualitativa, cuando existe déficit significativo entre los aspectos Fisico-Psicológico-Espiritual. Una persona que se siente feo, está deprimido y cree que Dios lo ha abandonado, decididamente no logra tener un equilibrio o balance positivo y sus expectativas de superación son pocas.

Existen situaciones, suceso, cosas materiales del entorno o actos que no sabemos o no podemos cambiar.

¨ **Pero siempre, tendremos la capacidad de un cambio interno**¨.

Desde el aspecto Fisico, en mayor o menor grado, nuestro estado psicológico hasta nuestro aspecto espiritual está sujeto a la poderosa capacidad decisional del ser humano.

Capítulo VI

Cambios históricos en seres humanos.

El mayor cambio registrado en la historia y aceptado por millones de personas en el mundo, esta descrito en la Biblia Cristiana. No hablaremos de Jesucristo, ya que Él fue el resultado de que Dios se encarnara en un hombre. Jesucristo no decidió ser el hijo de Dios, por lo que en él no opero un cambio decidido, si no externo o impuesto. La filosofía cristiana explica que Jesucristo era el Padre, el Hijo y el Espíritu Santo a la vez o el conocido ¨Misterio de la Trinidad¨. Sin embargo, su madre María, sí decidió cooperar para ser el objeto a través del cual Dios se encarnara para transformarse en un hombre.

Cito: **Evangelio de San Mateo. Capítulo 1, versículos 18 al 25**

18- Este fue el origen de Jesucristo: María, su madre, estaba comprometida con José y, cuando todavía no han vivido juntos, concibió un hijo por obra del Espíritu Santo.

19- José, su esposo, que era un hombre justo y no quería denunciarla públicamente, resolvió abandonarla en secreto.

20- Mientras pensaba en esto, el Ángel del Señor se le apareció en sueños y le dijo: «José, hijo de David, no temas recibir a María, tu esposa, porque lo que ha sido engendrado en ella proviene del Espíritu Santo.

21- Ella dará a luz un hijo, a quien pondrás el nombre de Jesús, porque él salvará a su Pueblo de todos sus pecados».

22- Todo esto sucedió para que se cumpliera lo que el Señor había anunciado por el Profeta: **23-** "La Virgen concebirá y dará a luz un hijo a quien pondrán el nombre de Emanuel", que traducido significa: «Dios con nosotros».

24- Al despertar, José hizo lo que el Ángel del Señor le había ordenado: llevó a María a su casa, **25-** y sin que hubieran hecho vida en común, ella dio a luz un hijo, y él le puso el nombre de Jesús.

Debemos observar, que en este caso no aplican los instrumentos psicológicos con los que contamos los seres humanos¨, ya que Jesucristo había sido ¨creado de la misma naturaleza del Padre¨. Jesucristo no era un hombre ¨normal.¨ Jesucristo no decidió cambiar, lo decidió Dios, por lo tanto, solo Dios fue responsable de la vida y obra de Jesucristo. Sin embargo, su madre María, pudo negarse, ya que los riesgos que conllevó el no estar preñada de su esposo puso en riesgo su vida. El aceptar los riesgos y ¨creer¨ en un poder superior para parir un hijo, fue una difícil decisión. María, a pesar de no ser responsable de quedar embarazada, ya que fue impuesto y no medio una libre decisión, toma la decisión de hacerse responsable, parir y cuidar de su hijo, que nunca fue hijo de su esposo José. Mientras la vida de Jesucristo transcurre guiada por Dios, María cambia toda su vida, desde el entorno físico, dedica su salud, estado psicológico y un total cambio en el aspecto espiritual a seguir a Jesucristo. María realiza un cambio total en su vida hasta su trascendencia espiritual, según lo descrito en las escrituras.

Cambios llamados históricos y no mitos, son referidos en distintas culturas. Desde transformaciones espirituales, psicológicas hasta extremos físicos.

Podemos señalar algunos en los que se describen como transformados por seres extraterrestres, por seres espirituales, por cambios genéticos, por mutaciones, productos de trastornos mentales o psicológicos (asumen personalidades múltiples) o la combinación entre los mencionados. ¿Por qué se han podido evidenciar estas transformaciones parciales o totales? Es simple la contestación. Los seres humanos han cambiado o se han transformado históricamente por que tenemos esa capacidad. La capacidad de crearnos, inventarnos, modificarnos, trascender y **Ser Otro**.

Ejemplos de cambios trascendentales en el cristianismo nos ilustran. Otra vertiente ilustrativa de cambios que han servido como doctrinas educativas se encuentra en el budismo.

El budismo es una filosofía, implica el tomar acción. Los conceptos y estrategias budistas, aplicadas a la felicidad, la salud, las relaciones, las carreras e incluso al proceso de envejecimiento y la muerte, se pueden adaptar a la vida de la existencia moderna.

Las ideas budistas están porque tienen una facultad descriptiva que se puede adaptar a los avatares del mundo moderno, sin el peso de una moralidad rígida dogmática.

El budismo explica profundas creencias como verdades de la vida. Pero también proporciona un método sumamente práctico para superar los obstáculos y transformarse uno mismo. El Buda eres tú. En otras palabras, todos y cada uno de los seres humanos contienen la capacidad inherente para ser un Buda, una antigua palabra india que significa "el iluminado", o aquel que ha despertado a la verdad eterna e inalterable de la vida.

La parábola de "la joya en la túnica", que se relata en el ¨Sutra del Loto¨. En esta historia un hombre pobre visita a su amigo rico. Este lo atiende muy bien y luego de comer y beber se queda dormido. El amigo cogió una joya muy valiosa y se la cosió en la túnica del hombre pobre, quien no se dio cuenta; pues estaba dormido. Luego el amigo rico se fue de viaje. El amigo pobre al día siguiente se fue y continúo su vida en extrema pobreza. No se dio cuenta de la valiosa joya que llevaba en su túnica. Luego de un tiempo su amigo rico lo encontró y le reprendió duramente por no haberse dado cuenta de la valiosa joya que llevaba en su túnica…

Esta parábola describe la ceguera de los seres humanos ante la preciosidad de sus vidas y la condición vital más importante de la budeidad.

El budismo destaca la transformación personal interior como un modo de fomentar las resoluciones duraderas y sostenibles a los problemas del mundo. De la misma manera que el hombre pobre cargo una valiosa joya consigo durante mucho tiempo, nosotros tenemos unas valiosas capacidades que llevamos durante toda la vida y no nos percatamos. Si no nos percatamos no las usamos y proseguimos una vida llena de angustias y pobreza. La historia nos ilustra con muchas parábolas y ejemplos sobre la grandeza del ser humano, pero…

si no creemos en nuestras capacidades no las usamos y muchas veces seguimos anhelando el cambio que está en nuestras manos, así como la joya valiosa que estaba en la túnica del hombre pobre.

Capítulo VII

ASPECTO FÍSICO

Como soy y como quiero ser.

I. CABELLO:

A-TEXTURA	AHORA	CAMBIO
1-LACIO		
2-ONDULADO		
3-GRIFO		
B-MEDIDA		
4-Bajo el hombro		
5-Al hombro		
6-Corto		
7-Muy corto		
8- Rapado		
C-CORTE/ ESTILO		
9-Conservador o clásico.		
10-Moderno		
11-Extravagante		

La textura del cabello se puede cambiar con facilidad. Puede cambiar de A a B o C, B a A o C, C a A o B. También puede combinar la textura.

La medida se puede ajustar con un fácil recorte. Los postizos, pelucas o injertos resuelven la situación.

El estilo o corte es más complicado, ya que existen diversidad como los Conservadores o clásicos:

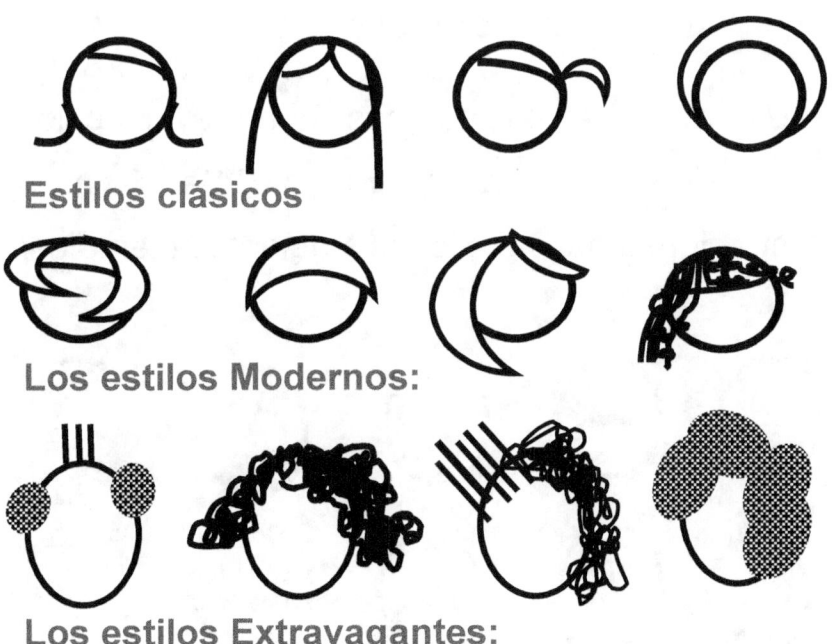

Estilos clásicos

Los estilos Modernos:

Los estilos Extravagantes:

Solo algunos ejemplos de la amplia diversidad para escoger. Los colores no los ilustro, ya que he podido observar toda la amplia gama de colores en hombres y mujeres, al igual que combinaciones de colores, largos, texturas y estilos. La originalidad va con el cambio que deseo. Si quiero imitar a alguien o si quiero ser único en mi estilo. Usted puede elegir, si así lo desea y quiere.

Los hombres tenemos, además, una mayor opción en el cabello de la barba y el bigote. Se suman a las ilustraciones del cabello los siguientes ejemplos:

II. Bigote y/o barba

A-TEXTURA	AHORA	CAMBIO
12-LACIO		
13-ONDULADO		
14-GRIFO		
B-MEDIDA		
15-Contorno !/4¨		
16-Definida 1/2¨-2¨		
17-Larga 3¨ o más		
18- Ninguna		
C-CORTE/ ESTILO		
19- Conservador o clásico.		
20- Moderno		
21-Extravagante		

Al igual que con el cabello hay estilos Conservadores, Modernos y Extravagantes con la barba y el bigote. Los postizos, implantes, colores y estilos en una gran diversidad, esperando a que las personas decidan como quieren verse.

Las cejas, tanto en los hombres como en las mujeres, juegan un papel importante en la apariencia y están también sujetas al cambio. Desde la depilación, los implantes de cabello hasta las cejas tatuadas.

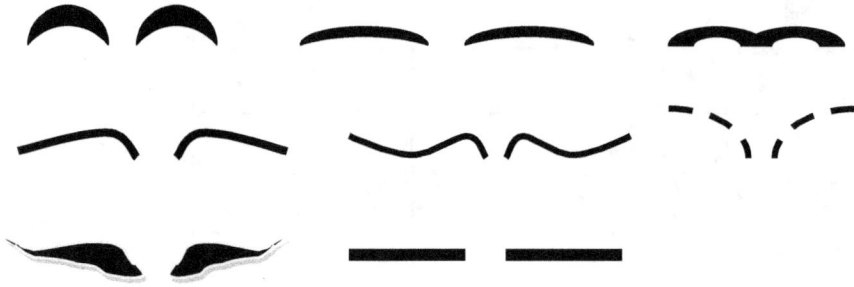

Desde la textura del cabello, el largo, el grueso y el color son detalles para evaluar.

III. Cejas:

A-TEXTURA	AHORA	CAMBIO
22-LACIO		
23-ONDULADO		
24-Pintada		
25-.Tatuada		
B-MEDIDA		
26-Corta		
27-Mediana		
28-Gruesa		
29- Fina		
30- Color		
C-FORMA/ ESTILO		
31- Conservador o clásico.		
32- Moderno		
33-Extravagante		

Luego de definir el cabello en la cabeza y los cambios deseados seguimos con las orejas. Debemos observar que las orejas pueden reformarse con procedimientos quirúrgicos sin mayores riesgos. También pueden ocultarse completas o parcialmente con el cabello, maquillarlas o adornarlas con accesorios Convencionales, Modernos o Extravagantes:

   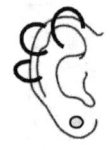   

Convencional   Moderno   Extravagante

Distintos tipos de orejas:

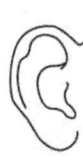   

Normal   Puntiaguda   Alargada   Pequeña   En ángulo

IV. Orejas

A-FORMA	AHORA	CAMBIO
34-NORMAL		
35-PUNTIAGUDA		
36-ALARGADA		
37- PEQUEÑA		
38-GRANDE		
39-EN ANGULO		
40-DEFORMADA		

Es importante denotar que se puede modificar como usted quiera, la forma, el color, el tamaño, usar accesorios u ocultarlas con el cabello, sombreros, pañuelos etc. Son SUS orejas. Si no le gustan sus orejas o simplemente desea un cambio temporero o permanente, piénsalo y actúa. Puedes vivir conformándote toda la vida o puedes cambiar. Tú tienes la capacidad.

5. Ojos.

Los ojos son un punto de atención esencial, ya que al relacionarnos con otra persona regularmente fijamos nuestra mirada en los ojos. Puedo cambiar su contorno, los parpados, el color de la retina o del ojo completo y las pestañas las podemos incluir.

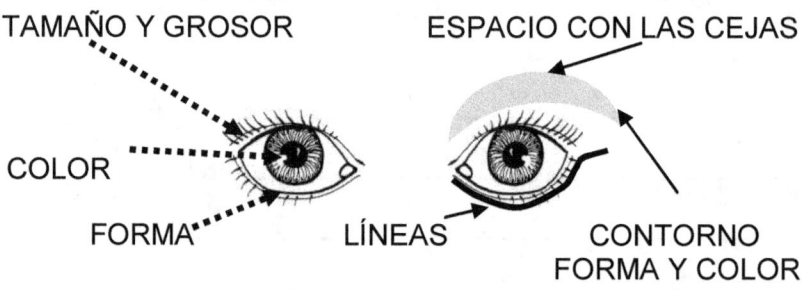

TAMAÑO Y GROSOR   ESPACIO CON LAS CEJAS

COLOR

FORMA   LÍNEAS   CONTORNO
FORMA Y COLOR

El maquillaje puede jugar un papel significativo en la apariencia de los ojos y puede ser reversible, al igual que el color de la retina mediante lentes de contacto con colores a escoger. La ciruja de los contornos y los ojos es una muy delicada y requiere mucho estudio para realizar cambios permanentes. Consulte buenos profesionales médicos.

V. Ojos

OJOS	AHORA	CAMBIO
41-FORMA a-redondo b-achinado c-alargado	------- ------- _____	
42-COLOR		
43-LÍNEAS		
44. PESTAÑAS a-CORTAS b- LARGAS	1. 2.	3. 4.
Va-MAQUILLAJE DEL CONTORNO		
45-CONSERVADOR		
46-MODERNO		
47-EXÓTICO		

Recuerde que puede realizar cambios reversibles, como lo son el maquillaje o permanentes, como los tatuajes. Las líneas y cejas tatuadas deben estar bien pensadas. Yo he visto barbaridades que con los años en vez de aportar belleza, afean.

Un día de compras, observe un tatuaje en la parte baja de la espalda de una mujer como de 60 años. Me imaginé que en su juventud el tatuaje debió haber sido el de una mariposa. Al presente parecía un murciélago apedreado, una mancha de tinta o algo así.

Los cambios permanentes deben realizarse con profesionales, de calidad y previamente calculados. No recomiendo estos cambios a la ligera ni productos de arranques emocionales. La salud sobre todo.

6. La nariz

Foco de atención en los criterios de la belleza en nuestra época, especialmente en los países anglosajones. En algunas culturas se le otorga belleza a una nariz pequeña y perfilada. Razón para querer cambios su forma. Como otras partes del cuerpo, la nariz puede modificarse mediante cirugía, pero también con adornos, implantes y maquillaje. La especial importancia que usted y solo usted le otorgue a su nariz, es una apreciación particular. No le gusta su nariz y vive deseando cambiarla. ¡Cámbiela!

6. La nariz

Común   Ancha   Larga   Aguileña   Puntiaguda

Fosas anchas   Fosas pequeñas

VI. NARIZ

FORMA	AHORA	CAMBIO
48. COMÚN		
49. ANCHA		
50. LARGA		
51. AGUILEÑA		
52. PUNTIAGUDA		
53. FOSAS ANCHAS		
54. FOSAS PEQUEÑAS		
55. DEFORME		

Cobrar conciencia de las particularidades de nuestro cuerpo y la capacidad para operar un cambio puede implicar un renacer existencial. Regularmente, aceptamos o no nuestro cuerpo o partes de nuestro cuerpo físico como dado. La mayor parte de las veces, los seres humanos nos afirmamos con valores como la dignidad, el orgullo, el honor y otros para mantenernos como venimos al mundo. Exclamamos que estamos orgullosos de nuestra raza, color de piel, tipo de cabello, estatura, color de ojos etc. Sin embargo, a través de la historia en todas las partes del mundo encontramos desde una minoría a una mayoría de personas que modifican su cuerpo físico con tatuajes, accesorios, colores distintos en el cabello y muchas más. Obsérvese usted. Estoy seguro que se recorta el cabello. Si es mujer se depila algunas partes y si es hombre se arregla la barba o el bigote etc.

Un cambio significativo puede hacer la diferencia en la existencia humana.

7. Los labios y la boca. La diversidad en la forma de los labios en los seres humanos nos hace diferentes de otras especies. Si observamos algunos animales podemos notar que los rasgos labiales tienen una mayor similitud entre ellos que en comparación con los seres humanos.

Algunos ejemplos son:

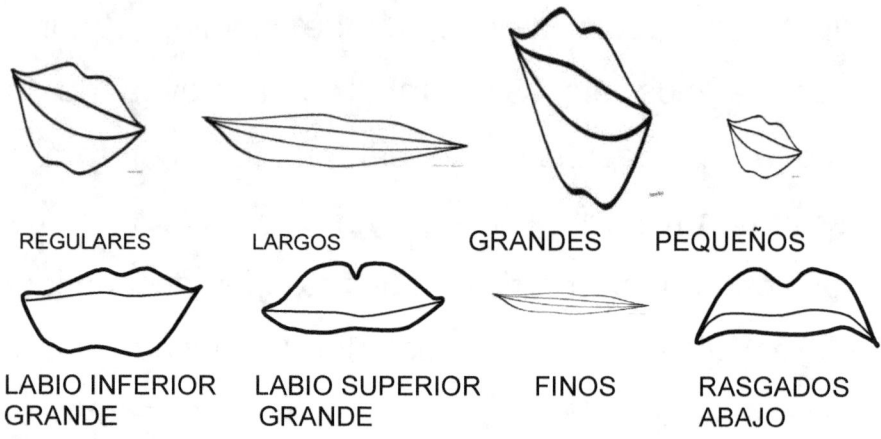

REGULARES   LARGOS   GRANDES   PEQUEÑOS

LABIO INFERIOR   LABIO SUPERIOR   FINOS   RASGADOS
GRANDE   GRANDE   ABAJO

Debe tener en cuenta que los músculos de los labios cambian con la edad y con el tiempo. La delicadeza de los labios afecta de forma significativa la expresión de la cara completa. No es aconsejable insertar ¨Botox¨ en sus labios ya que no he visto unos labios que se mantengan bien con el tiempo. Mi humilde opinión.

VII. Labios

FORMA	AHORA	CAMBIO
56. REGULAR		
57. LARGOS		
58. GRANDES		
59. PEQUEÑOS		
60. LABIO INFERIOR GRANDE		
61. LABIO SUPERIOR GRANDE		
62. FINOS		
63. RASGADOS ABAJO		

La forma en que utilizamos los labios puede impresionar: con miedo, simpatía, coraje, duda, deseo, nerviosismo, ansiedad, tristeza, sorpresa y otros. Usted puede observarse en un espejo y analizar sus expresiones. Usar los labios puede expresar sus emociones. Por ejemplo:

ALEGRÍA   TRISTEZA   CORAJE   SORPRESA

Realizar cambios en los movimientos musculares, cambiar el color con lápiz labial, la textura o adornarlos con aretes u otros son algunas de las posibilidades de fácil manejo. Corregir deformidades (Quieloplastia) como el ¨Labio Leporino¨ u otras deformidades requiere de cirugía y personal médico especializado. Otros tratamientos especializados para aumentar o disminuir la firmeza o el grosor, están al alcance del que se lo proponga. Los criterios de belleza o fealdad quedan en el juicio del lector.

Tener una piel, cabeza, cara, nariz, ojos, orejas, cejas, labios o boca, sin ninguna marca, cicatriz, mancha, verruga, lunar, decoloración u otra, sería lo deseable. Conozco personas muy satisfechas y orgullosas de sus lunares, pero si deseamos realizar un cambio, podemos recurrir a dermatólogos, especialistas en estética, maquillarlos, tatuarlos, cubrirlos con accesorios o resaltarlos, si quiero.

Sentirnos sin la posibilidad de un cambio niega nuestras capacidades y potencial para la creatividad.

Tengo un amigo cuyo deseo es verse siempre joven. A sus 66 años luce como uno de 40, a mi apreciación. A quien llamaremos Pancho, usa una peluca parcial con un corte moderno, sin ser extravagante, se pinta el cabello de color negro, se pinta las cejas, la chiva y el bigote del color del cabello; usa lentes de contacto de color azul, arregló su dentadura a una casi perfecta, eliminó una cicatriz sobre la ceja derecha con tratamiento laser, ha logrado minimizar las arrugas alrededor de los ojos, frente y boca con productos de belleza para esos fines. Ocasionalmente usa gafas de marcas de diseñadores, que disimulan los bifocales de sus espejuelos, usa un arete en su oreja izquierda y se viste de forma moderna sin parecer infantil. Lo cierto es que luce más joven sin parecer ridículo. Pancho dice sentirse satisfecho con su apariencia y disfruta en compararse con compañeros de su edad.

¨*Cada persona es única en el cosmos con todo el derecho del ser¨.*

8. El Cuello

El cuello es una parte del cuerpo que se desarrolla con poca atención del ser humano. La medida de la cabeza al hombro, su diámetro entre los hombros, abultamientos, arrugas, manchas y condiciones de la piel afectan su apariencia.

Podemos observar diferentes cuellos:

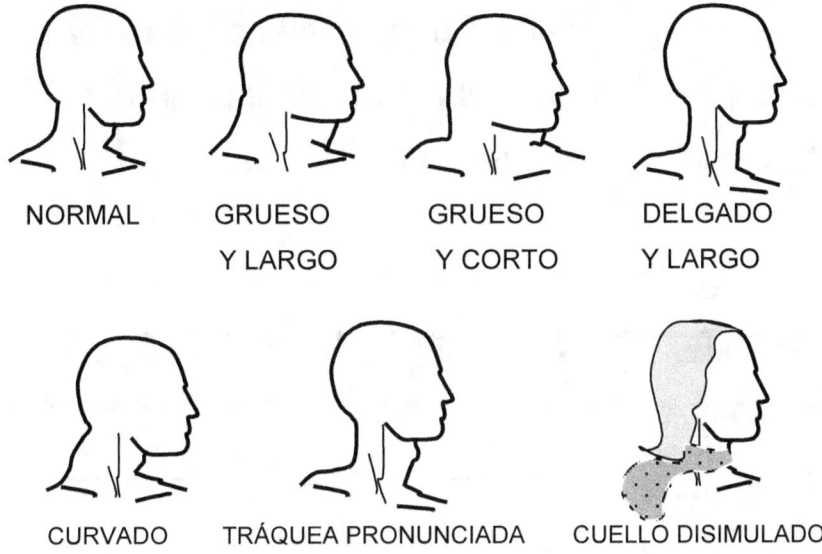

| NORMAL | GRUESO Y LARGO | GRUESO Y CORTO | DELGADO Y LARGO |

CURVADO   TRÁQUEA PRONUNCIADA   CUELLO DISIMULADO

Se añaden efectos del estiramiento de la piel por sobre peso o por envejecimiento. Una tráquea pronunciada, las arrugas horizontales, manchas, decoloración de la piel o distintos tipos de lunares pueden ser características para un cambio. Además de la cirugía, existen diversas formas para disimular el cuello, como pañoletas, accesorios de vestimenta, collares o prendas sencillas o elaboradas; maquillajes, tatuajes o escotes pronunciados, prendas llamativas y otros que tienden a disimular o llamar la atención. Quizás, no había pensado en realizar un cambio en esta área de su cuerpo, pero tiene alternativas.

VIII. Cuello

FORMA	AHORA	CAMBIO
64. NORMAL		
65. GRUESO Y LARGO		
66. GRUESO Y CORTO		
67. DELGADO Y LARGO		
68. CURVADO		

9. Los Hombros

Regularmente, los hombros no se muestran desnudos en hombres o en mujeres, pero hay alternativas de agrandamiento o aminorar la masa muscular con ejercicios y/o dietas. Aumentar o bajar de peso pude contribuir a modificar los hombros.

9. Hombros

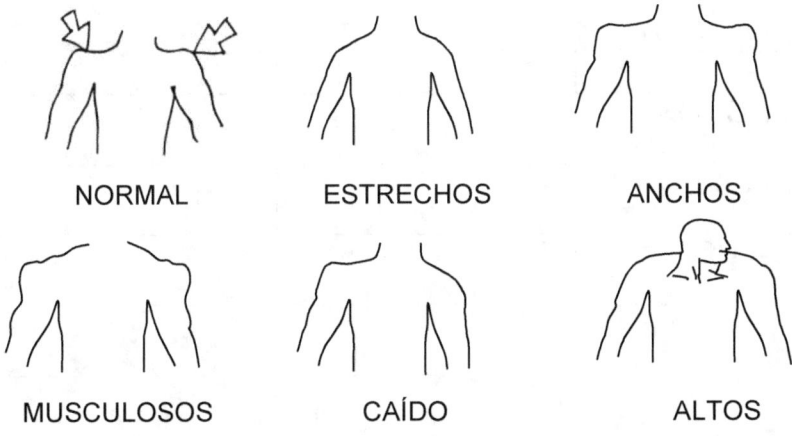

NORMAL ESTRECHOS ANCHOS

MUSCULOSOS CAÍDO ALTOS

Alternativas disponibles relacionadas con dietas, ejercicios con pesos, ropas con hombreras, escotes, pelo sobre los hombros, extensiones de cabello, pañoletas, tatuajes, ropa con líneas horizontales o verticales, colores llamativos o suaves, diferentes textura de las telas y otras pueden disimular o acentuar los hombros.

Condiciones de la espina dorsal, como la Espina Bífida y otras pueden afectar la posición de los hombros. Avances quirúrgicos han logrado corregir muchas de estas condiciones, con éxito.

IX. Hombros

FORMA	AHORA	CAMBIO
69. NORMAL		
70. ESTRECHOS		
71. ANCHOS		
72. MUSCULOSOS		
73. CAÍDO		
74. ALTOS		

10. La espalda.

Una espalda delicada, delgada, gruesa, musculosa, con alguna desviación en la espina dorsal, con piel de color negra, trigueña, blanca, con pecas, con lunares, cicatrices, estrías o tatuajes deseados o ya no deseados. Evaluamos nuestra espalda y podemos o no estar satisfechos, no satisfechos o traumatizados. Existen alternativas de cambio.

La espalda se puede mostrar parcialmente, completa, encubrir, disimular, adornar, maquillar, vestir, ajustar, someterse a cirugía o a métodos de modificación química. Si observa su espalda. Cosa que regularmente no hacemos. Podemos estar completamente satisfechos, parcialmente satisfechos o deseosos de un cambio.

X. Espalda

FORMA	AHORA	CAMBIO
75. ANCHA		
76. ESTRECHA		
77. GORDA		
78. FLACA		
79. MUSCULOSA		
80. MARCAS		

ESPALDA

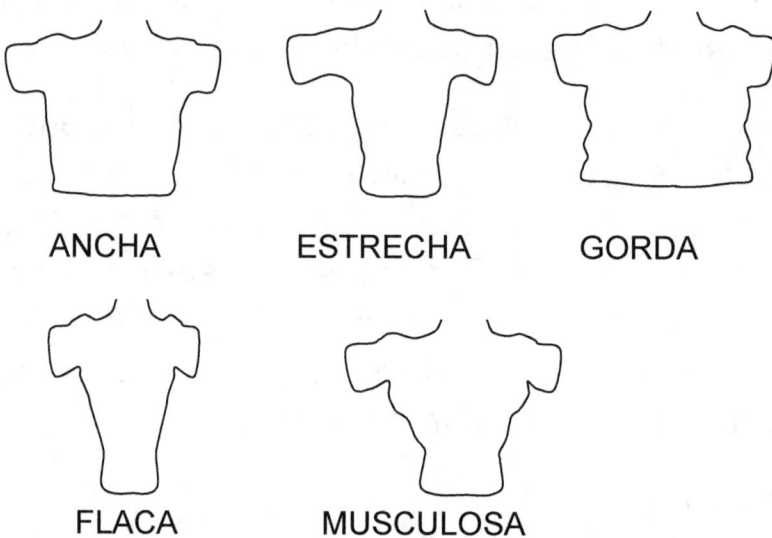

ANCHA   ESTRECHA   GORDA

FLACA   MUSCULOSA

Existen diversos modos de modificar la espalda a la vista del público como usar roba holgada o estrecha. Las líneas verticales u horizontales, le dan una impresión de delgadez o mayor volumen al contorno. La utilización de fajas parciales cambia definitivamente la forma de la espalda. También el cabello sobre la espalda o sobre los hombros ayuda a disimular la espalda. La piel de la espalda se puede broncear con baños de sol o palidecer con maquillajes. Los tatuajes en la espalda no tienen que ser permanentes ya que se pueden utilizar de forma temporera. Las estrías, lunares o cicatrices pueden ser sometidos a procedimientos quirúrgicos, maquilladas o disimuladas con accesorios de vestir.

11. El Torso Frontal Masculino

El Torso Frontal Masculino puede modificarse de muchas formas. Su masa muscular puede adaptarse a distintas formas, su textura de la piel, color y vellosidad, así como sus tetillas pueden cambiarse. Inclusive, cambiar la postura de una jorobada a una en atención militar puede ayudar. La actitud y el porte es una que se decide y se obtienen cambios inmediatos.

XI. El Torso Frontal Masculino

FORMA	AHORA	CAMBIO
81. ANCHO		
82. ESTRECHO		
83. GORDO		
84. FLACO		
85. MUSCULOSO		
86. TETILLAS	a __PEQUEÑAS b __GRANDES	
87. OMBLIGO	a __PEQUEÑO b __GRANDE	

ANCHO   ESTRECHO   GORDO

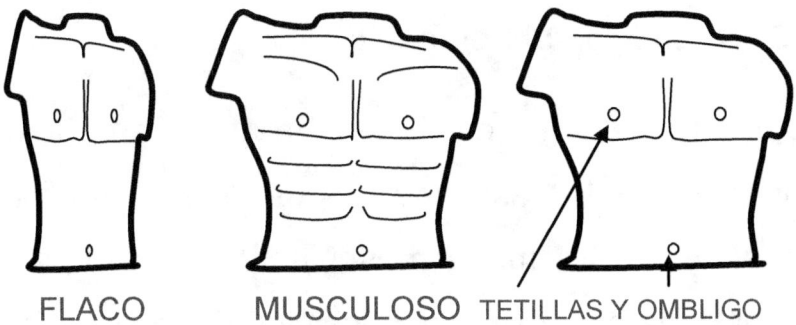

FLACO   MUSCULOSO   TETILLAS Y OMBLIGO

Las Tetillas pueden ser grandes, con pezones pequeños o grandes, caídas o altas, de coloración obscura o clara. Se pueden modificar con maquillaje, disimular con vestimenta, depilar o moverlas a la posición deseada con cirugía.

El ombligo puede ser uno grande o abierto, pequeño o fruncido, alargado, profundo o brotado.

Igualmente, puede ser maquillado, disimulado con vestimenta, adornado con pantallas, cadenas, tatuado o sometido a cirugía.

Debemos considerar las áreas cubiertas o no con pelos. La depilación temporera o permanente, así como la implantación de pelo, son alternativas.

13. Torso Frontal Femenino

Como sabemos, el Torso Frontal Femenino se distingue del masculino y puede ser modificado igualmente. La masa muscular, tamaño, textura y color de la piel, tamaño y posición de los senos y de los pezones, firmeza o flacidez, marcas como estrías, lunares y otros. La belleza o fealdad de ésta área depende del contexto cultural y los criterios particulares.

XIII. Torso Frontal Femenino

FORMA	AHORA	CAMBIO
88. ANCHO		
89. ESTRECHO		
90. GORDO		
91. FLACO		
92. MUSCULOSO		
93. SENOS	1.__ GRANDES 2.__ PEQUEÑOS 3.__ FIRMES 4.__ CAÍDOS 5.PEZONES a.__GRANDES b.__PEQUEÑOS c.__COLOR	
94. OMBLIGO	a.__GRANDE b.__PEQUEÑO c.__PROFUNDO d.__BROTADO e.__ALARGADO	

13. Torso Frontal Femenino

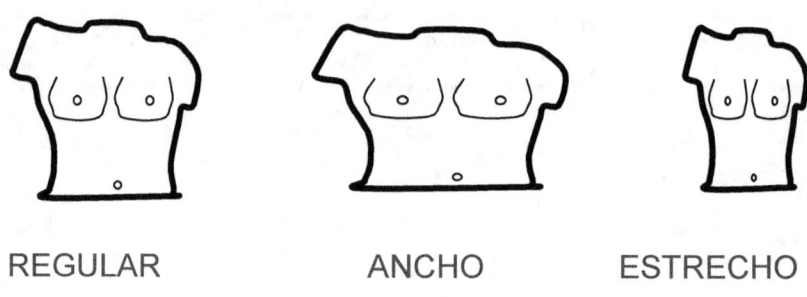

REGULAR   ANCHO   ESTRECHO

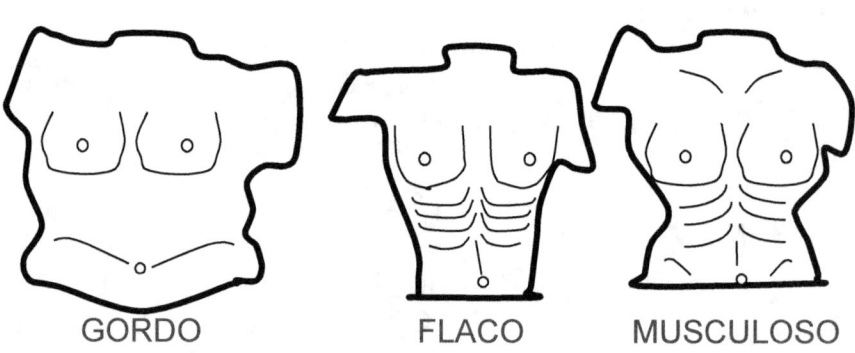

GORDO   FLACO   MUSCULOSO

Interesante el Torso Femenino. Un Torso Femenino puede ser regular, ancho, estrecho, flaco o musculoso, con senos grandes o pequeños, firmes o caídos, de pezones altos o bajos, de pezones pequeños o grandes y las combinaciones entre las distintas formas y alternativas. Veamos dos partes interesantes, los senos y el ombligo.

Los Senos

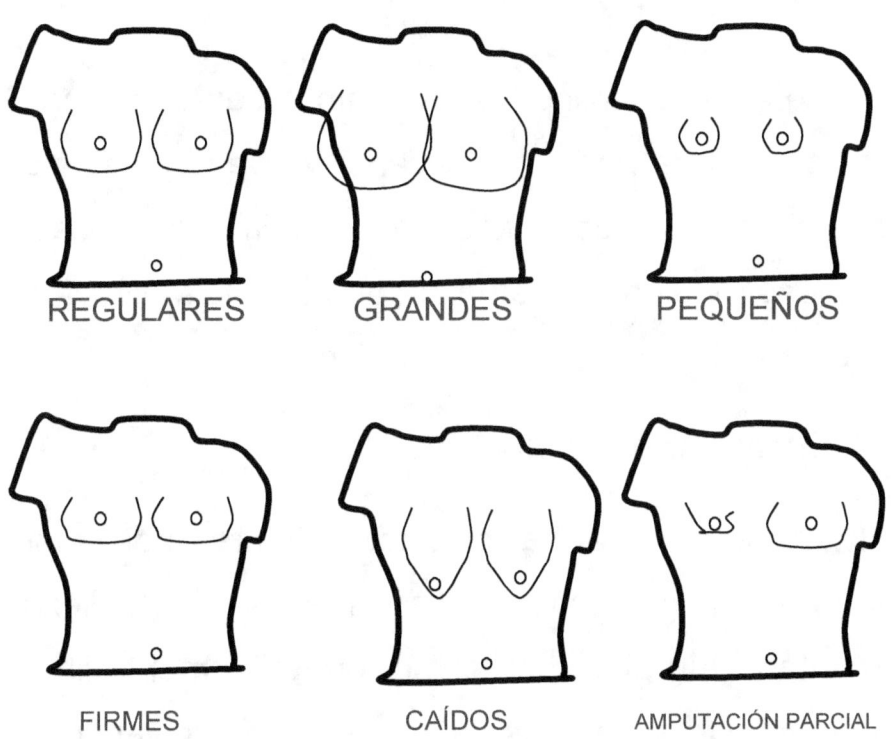

REGULARES　　　GRANDES　　　PEQUEÑOS

FIRMES　　　CAÍDOS　　　AMPUTACIÓN PARCIAL

Los ombligos (El ombligo del latín *umbilicus*)

BIEN FORMADO   ALARGADO   HORIZONTAL   ARRUGADO   PLEGADO   BROTADO

El Torso masculino o femenino tiene muchas opciones para poder modificarlo, ya sea por medio de cirugías, accesorios de vestimenta, fajas, prendas o alhajas, tatuajes o maquillaje. No me gusta mi ombligo. ¡Pues lo cambio!

14. El área abdominal

El área abdominal ha tomado un interés particular en los últimos años. Los criterios de belleza apuntan a un abdomen plano, preferiblemente libre de mucho tejido adiposo o grasa. Pero la diversidad de formas nos obliga a ofrecer alternativas de cambio.

14. Área abdominal

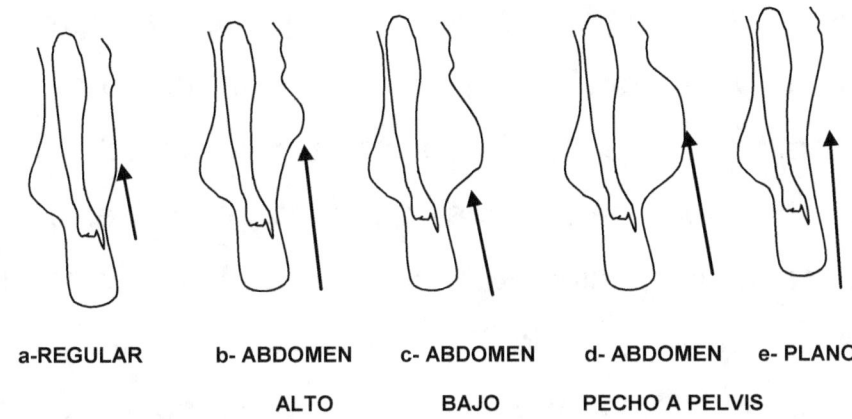

| a-REGULAR | b- ABDOMEN ALTO | c- ABDOMEN BAJO | d- ABDOMEN PECHO A PELVIS | e- PLANO |

Lucir el abdomen, ya sea regular, barrigón, musculoso o flaco es decisión particular. Sin embargo, existen muchas alternativas para producir un cambio, si así lo deseo. La abdominoplastía, la Lipoescultura de Músculo Recto ("six pack")
así como la reducción al paciente bariátrico, como alternativas quirúrgica han resultado en procedimientos especializados efectivos. Dependiendo del grado de importancia y el esfuerzo que esté dispuesto a realizar, obtendrá el cambio deseado. Las fajas o accesorios para moldear la figura, las vestimentas modificadas, los

distintos colores, los impresos como las líneas verticales u horizontales, la textura de las telas, la moda adecuada a la figura y la postura corporal son elementos que se pueden utilizar con efectividad. Las dietas para rebajar de peso deben ser consultadas y dirigidas por personal capacitado en el campo de la salud. Los ejercicios para moldear la zona abdominal deben dirigirse por personal con la suficiente preparación en el campo de la educación física. Conozco a personas que le han dedicado mucho tiempo y esfuerzo para tratar de moldear su zona abdominal sin los resultados deseados y con efectos permanentes. Las modificaciones con prendas o ¨piercing¨, los tatuajes o marcas permanentes deben ser calculadas y bien pensadas ya que pueden perdurar en la juventud pero son otra cosa después que transcurren ¨algunos¨ años. ¿Quiere cambiar su zona abdominal? Pues, adelante, usted sabe que puede y tiene la capacidad.

XIV. Área abdominal

FORMA	AHORA	CAMBIO
95. REGULAR		
96. ALTO		
97. BAJO		
98. PECHO- PELVIS		
99. PLANO		

15. **Glúteos** (pequeños, grandes, firmes, flácidos, caídos, elevados, anchos, angostos, cicatrices, marcas o deformidades).

XV. Glúteos

FORMA	AHORA	CAMBIO
100. PEQUEÑOS		
102. GRANDES		
103. FIRMES		
104. FLÁCIDOS		
105. CAÍDOS		
106. ELEVADOS		
107. ANCHOS		
108. ANGOSTOS		
109. DEFORMIDADES		

Los glúteos, nalgas, pompis y otros, son areas de particular interés, dependiendo la cultura y los criterios de belleza. Como cualquier otra área del cuerpo, puede modificarse con alternativas quirúrgicas, implantes de silicón y otras con personal médico especializado. Siempre es pertinente señalar, que "lo barato sale caro". Una intervención quirúrgica debe planificarse con sumo cuidado ya que puede tener efectos irreversibles, tanto en el aspecto físico como psicológico. Las dietas y ejercicios si funcionan, a un mayor término y con mayor esfuerzo. Las modificaciones con los accesorios de vestimenta son variadas, desde fajas que acentúan, elevan, disminuyen, redondean y dan la forma deseada sin mucho esfuerzo. Además, se pueden adquirir por medio del internet sin que "nadie" se percate. Se pueden adquirir vestimentas que disimulen o denoten los glúteos. Los trajes de baño son variados y el color de la piel puede ser maquillado o lograr cambios permanentes. Los tatuajes pueden ser permanentes o temporales y ameritan planificación y buen diseño. Un tatuaje puede significar un adorno que contribuya a una mayor belleza, encubrir una cicatriz o imperfección de la piel, denotar determinado rasgo o afectar negativa y permanentemente el área. Informarse y explorar alternativas con suficiente tiempo como para hacer una adecuada elección es importante.

Glúteos

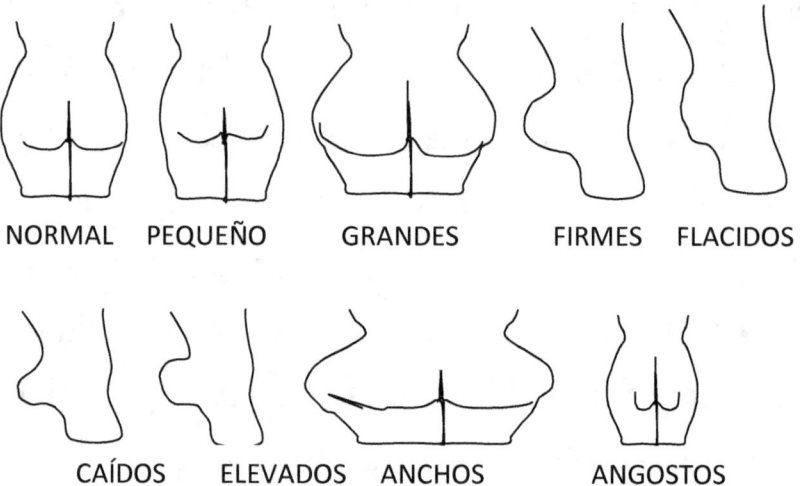

NORMAL PEQUEÑO   GRANDES   FIRMES FLACIDOS

CAÍDOS   ELEVADOS ANCHOS   ANGOSTOS

Son muchas las posibilidades en las combinaciones de formas y tamaños; grandes y elevados, grandes y bajos, grandes y firmes, grandes y flácidos, grandes y anchos, grandes y largos. Así como pequeños y elevados, pequeños y bajos etc. Lo más importante son sus gustos y su decisión del cambio de X por Y. Amables lectores, algunos se preguntarán por la importancia de unos glúteos de igual o diferente manera. La importancia que tienen sus glúteos es la que usted le otorgue. Usted tiene el derecho inalienable de tener sus preferencias a la moda, distinto o de forma exótica o exagerada. Sabemos que existen deformidades en los glúteos o en un glúteo. Si decide un cambio, hemos explorado alternativas al respecto. Si no desea un cambio, magnifico, menos que hacer.

16. Genitales masculinos

Nos referiremos para propósitos de mi libro, a detalles esenciales para lograr cambios importantes en los genitales masculinos. Específicamente en las partes de mayor conocimiento e interés en los hombres como: vello pubiano, pene, el glande, el escroto, los testículos y el prepucio. Claro, el aparato genital masculino se compone de muchas partes, que por lo pronto no son parte de nuestro interés. Además de tener una buena salud, la apariencia y funcionamiento del pene tiene mucha relevancia en los hombres, especialmente en las relaciones de pareja. Son muchos los estigmas asociados al tamaño (longitud y diámetro) así como a la apariencia o estética de las partes visibles.

XVI. Genitales masculinos

FORMA	AHORA	CAMBIO
110. PENE	a__GRANDE b__MEDIANO c__PEQUEÑO	
111. VELLO	a__MUCHO b---POCO	
112. ESCROTO	a__NORMAL b__ALARGADO c__DEFORME	
113. PREPUCIO	a__ELÁSTICO b__CEÑIDO	
114. DEFORMIDADES		

Amerita una explicación funcional de los términos utilizados con el propósito de hacer fácil su entendimiento. En Puerto Rico, el pene de tamaño normal fluctúa entre las 5" y 7"(erecto). Por lo tanto menor de 5" se considera pequeño y mayor a 7" grande. El vello pelviano o alrededor de los genitales puede ser abundante o escaso y de distintos colores como el cabello de la cabeza. El escroto o la bolsa que incluye a los testículos, puede estar normal a su observación, puede estar alargado, es bastante común tener un testículo más bajo que el otro o mostrar un color particular. El prepucio, un trozo de piel móvil, unido al glande por una membrana, el frenillo, puede ser elástico para permitir que se descubra el glande (llamada cabeza del pene) o puede estar ceñido al glande lo que no le permite descubrir el glande.

Estas partes tienen una diversidad de alternativas para poder alterarlas parcialmente o totalmente. Formas extremas de modificación, lo es la cirugía para eliminar los testículos y el pene para formar una vagina. El implante de pene es una prótesis sintética que se inserta directamente en la corporal cavernosa permitiendo una erección firme lo suficiente para la penetración. Todas las partes del implante son invisibles en cuanto son insertadas debajo de la piel y el tamaño de cada prótesis se ajusta al tamaño del pene de cada paciente. Aumento en el tamaño y diámetro del pene mediante cirugía y microcirugía puede estar disponible para pacientes bajo supervisión médica y psicológica. Es pertinente señalar, que toda cirugía requiere de una preparación psicológica además de la física. Cambios como los descritos deben ser extensamente discutidos con profesionales de la medicina, psiquiatría y psicología. Los vellos púbicos tienen funciones importantes para proteger nuestros órganos reproductivos, pero en esta ocasión no entraremos en su discusión. Cambios en los vellos púbicos relacionados a la eliminación o el rasurarse total o parcialmente, deben realizarse con mucho cuidado, ya que los errores pueden resultar en heridas graves. A pesar que no es recomendable el teñir o cambiar de color los vellos, existen productos que pueden minimizar el daño y están a su disposición bajo consulta con especialistas. Los adornos como trenzas, lazos, aros y anillos ofrecen alternativas atractivas. Aunque parezca simple o fácil la transformación de los vellos, puede resultar en una sensación de confianza, novedad, cambio de rutina y hacer más interesante la relación en pareja.

El escroto o bolsa que incluye los testículos, puede ser modificada mediante cirugía, especialmente cuando se afecta el funcionamiento de los testículos. También puede utilizarse vestimenta apropiada al clima (telas y texturas), como distintos modelos de ropa interior con mayor o menor comodidad. Adornos como aros, anillos y otros que atraviesan la piel del escroto deben consultarse con personal especializado y nunca deben realizarse sin los medios adecuados. Infecciones o lesiones en el escroto pueden resultar en efectos graves para la salud.

El prepucio, puede ser corregido mediante cirugía de forma ambulatoria, la mayor parte del tiempo, ya sea extirparlo o modificarlo. También se puede lograr mayor elasticidad para lograr la funcionalidad del glande o simplemente mayor placer. Existen ejercicios, aceites y/o medicamentos útiles para la modificación del prepucio.

Las deformidades o condiciones de salud relacionadas a los genitales masculinos deben tener la atención necesaria para evitar complicaciones permanentes. Si tienes alguna deformidad o condición de salud, actúa de forma inmediata y no postergues el debido tratamiento por sentimientos de vergüenza o timidez excesiva.

Sea otro, _te predica tu capacidad de cambio para_ _que creas en tu potencial, ahora y porque es una_ _decisión a tu alcance._

17. Genitales Femeninos

Órganos genitales externos: Es la porción de aparato genital limitada por los surcos genitocrurales, el monte de Venus y el ano, y en profundidad se extiende hasta el diafragma pelviano. Comprenden: el monte de Venus, la vulva y el perineo ginecológico. Para propósito del tema en desarrollo en este libro, me limitare a órganos externos o relevantes, sin descripción de las múltiples condiciones de salud o enfermedades asociadas.

Cuando una mujer no está satisfecha con sus genitales externos, regularmente se refieren a: el tamaño, forma y color de los labios de la vulva, tamaño del clítoris, himen y masa muscular cercana a la vulva. Cuando me refiero a la vulva indico que se describe como una hendidura mediana cuando la mujer aproxima los muslos; está más o menos entreabierta cuando la mujer separa los muslos. Está formada por:

Labios mayores, Labios menores Clítoris, Vestíbulo y sus anexos Himen Vestíbulo y anexos: Vestíbulo: zona navicular que se presenta al separar las ninfas (labios menores) y que tiene una cara posterior o profunda, 2 caras laterales y 2 comisuras.

En el vestíbulo desembocan:

a) la vagina

b) la uretra y glándulas parauretrales de Skene.

c) glándulas de Huguier o pequeñas glándulas vestibulares) glándulas de Bartholin o vestibulares mayores.

El clítoris, definido como un órgano pequeño, eréctil, alargado y muy sensible del aparato genital femenino; está situado en la región anterior y superior de la vulva, en la unión de los labios menores, formado por dos cuerpos cavernosos. El clítoris en toda su longitud puede llegar a tener un tamaño de 10 a 13 mm, mientras que el glande clitoriano mide entre 3 y 4 mm de ancho y 4 y 5 mm de largo (en estado de reposo) mientras en erección puede alcanzar los 1 a 1,5 cm de longitud en la mujer promedio. La parte visible del clítoris es el glande y es extremadamente sensible a la estimulación directa en la mayoría de mujeres, prefiriendo la estimulación indirecta a través del prepucio o capuchón clitoriano, el glande constituye sólo la octava parte de todo el clítoris. En algunas culturas africanas se practica la infibulación o la ablación (mutilación total o parcial) del clítoris a una edad muy temprana, para evitar que las mujeres conozcan el placer sexual y el orgasmo. Esta práctica es considerada, en esas culturas, parte de un rito de iniciación a la pubertad que se supone protege la virginidad de las mujeres y asegura que vivirán en castidad hasta el matrimonio. Para otras sociedades, creencias y culturas se trata de una forma de discriminación, mutilación y represión hacia

a sexualidad de la mujer. En nuestra cultura, el respeto por la dignidad de la mujer deja a la decisión individual el mantener o realizar cambios en partes como el clítoris. En condiciones especiales como la **clitoromegalia** es un aumento anormal del clítoris que no debe ser confundido con el aumento normal del tamaño del clítoris observado durante el estímulo sexual. De hecho los cuerpos esponjosos del glande del clítoris, al llenarse de sangre durante la excitación sexual, pueden darle el aspecto de un pene pequeño. La modificación quirúrgica en este caso puede ser una solución o simplemente reconocer la diferencia como parte de su cuerpo, sin ninguna preocupación.

XVII. Genitales femeninos

FORMA	AHORA	CAMBIO
115. VULVA		
116. LABIOS	a __NORMAL b __MEDIANOS c __GRANDES	
117. CLÍTORIS	a __NORMAL b __PEQUEÑO c __GRANDE	
118. PIEL	a __NORMAL b __AFECTADA	
119. DEFORMIDADES	a __SI b __NO	

La apariencia y funcionalidad específica de los órganos femeninos son aspectos de la atención y conformidad individual. Siendo partes que no están expuestos con facilidad a la observación, se pueden disimular, ocultar,

136

adornar o tomar la decisión de modificar mediante procedimientos médicos y quirúrgicos. La cirugía reconstructiva, el labio plastia, la lipotransferencia, ninfoplastria, la vaginiplastia y otras son alternativas para un cambio cualitativo de los genitales femeninos. Las decisiones sobre cambios de las partes corporales descritas deben ser consultadas con especialistas en psicología clínica y medicina, ya que un cambio mínimo puede ocasionar efectos significativos en la estructura física-psicológica-espiritual del ser humano.

¡Por favor! Amable lector. No tome decisiones importantes sobre su estado físico sin leer y comprender la totalidad de este libro. Entender la importancia de la relación entre mi físico, mi aspecto psicológico y mi espiritualidad, es esencial para obtener los resultados positivos deseados y no tener situaciones traumáticas que puedan afectar nuestra existencia.

LA CAPACIDAD PARA CONCEBIR Y PROCREAR.

Una diversidad de factores está envuelta en este tema. Desde el tema en desarrollo dentro del aspecto físico, podemos apuntar en esta ocasión, a la estructura asociada a la capacidad para concebir procrear. Definitivamente, los exámenes médicos especializados sobre la capacidad de los órganos y sistemas relacionados, son necesarios ante alguna dificultad para la concepción y la procreación. Si no tengo dificultad para lograr mis objetivos de tener un hijo, magnifico. Si no he podido lograrlo, debo considerar alternativas existentes como: esperar un tiempo determinado, dialogar con la pareja sobre las metas al respecto, consultar médicos especializados en el tema, consultoría psicológica y guía espiritual. En mi experiencia como psicólogo clínico, he encontrado distintos factores que pueden afectar el que una mujer pueda quedar preñada o que un hombre pueda fecundar el ovulo femenino. Cada factor, comenzando con el aspecto físico puede y debe ser evaluado a satisfacción de la persona. Muchas de las condiciones que limitan el que un hombre o una mujer puedan lograr la procreación pueden ser corregidas. Si estoy dispuesto a tomar acción y realizar cambios, puedo maximizar el logro de mis objetivos. La inacción y la pasividad pueden resultar en el deterioro de las oportunidades. El tiempo de actuar es ahora.

18. Área anal

La funcionalidad del área anal ha cobrado interés en los últimos años. Sin entrar en polémicas sobre sexualidad, moralidad y las leyes del estado, expongo el derecho inalienable del ser humano a buscar su bienestar desde su visión de mundo. Las intervenciones médicas están cada día mas al alcance del público en general, por lo que la orientación especializada, no se debe obviar cuando se contempla poner en práctica distintas alternativas que puedan afectar el área anal. Cambios en las preferencias sexuales sin la debida orientación pueden resultar en riesgos innecesarios o traumas que afecten su salud física y mental.

19. Los muslos o músculos de los muslos se componen de:

Compartimento anterior, cuádriceps Femoral o Crural, Vasto intermedio, Vasto medial, Vasto lateral, Recto femoral, Sartorio, Compartimento medial, Músculo aductor mayor del muslo, Músculo aductor largo del muslo, Músculo aductor corto del muslo, Músculo grácil, Músculo pectíneo, compartimento posterior (isquiotibiales), Músculo semimembranoso, Músculo semitendinoso, Músculo bíceps femoral y el Tensor de la fascia lata. Cada uno de estos músculos que componen lo que llamamos muslos, pueden ser trabajados o modificados mediante distintas alternativas, especialmente ejercicios con modalidades tan distintas como la estimulación eléctrica, gimnasia, levantamiento de pesos, tatuajes, accesorios de vestimenta, fajas para reducir la masa muscular, implantes para aumentar la masa muscular, cirugía reconstructiva, injerto de piel, lifting de muslos, la dermolipectomía trocantérica tiene como finalidad reducir el exceso de piel y grasa en las grandes deformidades de muslos; y otras alternativas a la disposición del esfuerzo personal para lograr el cambio deseado. Sus muslos están como usted así lo ha decidido, hasta el presente. Su futuro puede ser distinto.

XIX. Muslos

FORMA	AHORA	CAMBIO
120.NORMALES		
121.MODIFICADOS		

20. Las rodillas

Partes de mi cuerpo, cuya funcionalidad puede tener un significado esencial para un desempeño óptimo. La parte estética de la forma, tamaño o piel, pueden ser disimulada, maquillada, utilizar accesorios de vestimenta, ocultar cicatrices con tatuajes, adornos o las propias creaciones que las disimulen o adornen. La Cirugía Estética de las **Rodillas** se encuadra dentro de la Cirugía del Contorno Corporal. La intervención más común es la Lipoescultura que trata las acumulaciones anormales de grasa o lipodistrofia. La flacidez cutánea en su parte anterior suele ser más aparente que real y los pliegues, necesarios para la normal movilidad.

Son frecuentes las Cicatrices cuyo tratamiento difícilmente obtiene buenos resultados debido a los continuos movimientos.

La causa más común de daño en la rodilla que lleva al reemplazo de la misma es la osteoartritis, una enfermedad degenerativa de los huesos de la rodilla que hace que las superficies de la articulación se tornen irregulares y ásperas, impidiendo un movimiento articular suave y sin dolor.

La artroplastia o implante de partes mecánicas, en las rodillas se puede recomendar para:

Osteoartritis o artritis de la rodilla que produce un dolor que no ha logrado responder a una terapia conservadora, disminución de la función de la rodilla causada por artritis, incapacidad para trabajar debido al dolor en la rodilla, incapacidad para dormir toda la noche por el dolor en la rodilla, incapacidad para caminar más de tres cuadras (bloques) debido al dolor en la rodilla, Prótesis de rodilla suelta o floja o algunas fracturas de rodilla, de acuerdo a opiniones de distintos especialistas y ortopedas.

La información descrita, puede contribuir a fortalecer la esperanza de disfrutar de una mejor calidad de vida, sabiendo que existen alternativas para un cambio cualitativo además de estético. Un simple cambio puede significar mi comodidad y estar complacido o sentirme incomodo e insatisfecho.

Ejemplos sencillos:

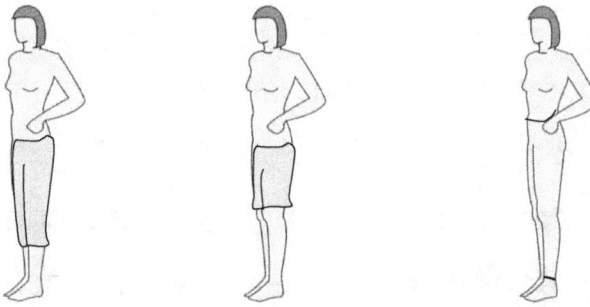

ENCUBRE RODILLA   DESCUBRIMIENTO   CUBIERTA LA RODILLA

La facilidad con la que se puede transformar la apariencia de las rodillas permite lograr los objetivos de un cambio a nuestro gusto.

XX. Rodillas

FORMA	AHORA	CAMBIO
122.NORMALES		
123.MODIFICADAS		

21. Pantorrilla y parte frontal de la pierna.

La pantorrilla y la parte frontal de la pierna por debajo de la rodilla, responden muy bien a ejercicios con pesos para aumentar el volumen muscular o rebajar el volumen muscular. Además, las alternativas quirúrgicas han probado radicales modificaciones de acuerdo con los deseos o particularidades de la persona. Los encubrimientos con accesorios de vestimenta, son efectivos para ocultar o denotar estas áreas. Los tatuajes ampliamente usados con diversos motivos también son una alternativa, considerando siempre, que pueden obtenerse de uso temporero o permanente. La depilación temporera o permanente puede ser una alternativa. Las afecciones de la piel pueden ser tratadas por médicos dermatólogos o utilizar maquillajes apropiados para modificar el color o textura de la piel. Los calzados, como botas altas con pantalones largos tienden a aumentar el volumen de las pantorrillas y parte frontal de las piernas. Quiere verse distinto, pues puede explorar distintas alternativas eficaces para obtener una figura deseada.

XXI. Pantorrilla y parte frontal

FORMA	AHORA	CAMBIO
124.NORMALES		
125.MODIFICADOS		

22. Los Tobillos

Los tobillos, como partes de las piernas, tienen un particular significado en las personas cuya apariencia está afectada por el sobrepeso o por venas que denotan una apariencia no deseada. Las personas que he conocido con interés en un cambio en el área de los tobillos han hecho énfasis en la apariencia de la piel principalmente. Cambios en la apariencia de la piel pueden significar atención médica, pero se pueden disimular con un simple maquillaje, especialmente adaptado para esa área. El calzado y las medias disimulan con efectividad el área de los tobillos sin pasar mucho esfuerzo por un cambio de apariencia. Recordemos que en una transformación sustancial, la persona deberá tomar en cuenta cambios en su forma de vestir, calzado etc. y modificar su estilo de acuerdo con las modas deseadas. No va a usar botas para la nieve en verano para ocultar sus tobillos. Pero puede considerar un tatuaje vistoso si desea que sus tobillos sean un mayor foco de atención.

XXII. TOBILLOS

FORMA	AHORA	CAMBIO
126.NORMALES		
127.MODIFICADOS		

23. Los Pies

Frustración de muchas persona en cuanto a su tamaño, forma, forma de los dedos, tipos de uñas, masa muscular, color de la piel, condiciones de salud como hongos, venas pronunciadas y otras. El tamaño de los pies ha sido criterio de belleza en distintas culturas como en la China. País en el que grupos de distintas denominaciones culturales practican la costumbre de vendar los pies en las niñas para controlar su crecimiento, ya que consideran el pie pequeño como un símbolo de belleza y estatus social. En la cultura occidental no se le otorga tanta importancia como un definitivo criterio de belleza, pero la mayor parte de las personas, prefieren tener pies relativamente pequeños o proporcionales a su estatura corporal. En los hombres, tener los pies grandes pasa más desapercibido que en las mujeres. Las mujeres le otorgan una mayor importancia al tamaño de sus pies en proporción con su cuerpo ya que tienen la tendencia a exhibirlos con mayor frecuencia. Claro, los zapatos puntiagudos de colores claros tienden a parecer más grandes que los zapatos redondeados y de colores oscuros. Las hebillas y adornos en los zapatos tienden a llamar más la atención que los zapatos lisos o sin adornos. Las sandalias, completamente o parcialmente descubiertas modifican la apariencia de los pies y son alternativas eficaces para denotar o encubrir partes específicas de los pies. Las medias y su diversidad de texturas, colores y formas cumplen un efectivo propósito en un cambio calculado de acuerdo con las preferencias particulares. Los dedos de los pies pueden ser afectados por condiciones óseas, como las desviaciones de los dedos, efectos la artritis, hongos o condiciones de la piel. Siempre, un tratamiento médico a tiempo, puede evitar que se empeoren las condiciones de los pies. Los pies pueden ser ocultados o disimulados con mucha facilidad, por lo que es pertinente atender primeros las condiciones de salud, antes que solo disimularlas o encubrirlas. Mientras se tienen los pies deseados existen muchas alternativas para modificar su apariencia. Las uñas pueden ser pintadas, reemplazadas por uñas de acrílicos, adornadas, su forma puede variarse o simplemente utilizar un calzado, medias u otros para ocultarlas parcial o totalmente. Unos pies saludables, limpios y bien cuidados mejoran la impresión de la persona. Pero, unos pies descuidados afectan la totalidad de la apariencia personal. No importa cuán bien vestida se encuentre, puede tener unas piernas hermosas y un cuerpo escultural, pero si tiene unos pies descuidados impresionará desfavorablemente. La decisión de un cambio positivo, en ocasiones no depende de un cambio general, sino de "ajustes" al alcance de la persona. La educación sobre el buen gusto, las modas, el detallado cuido corporal y un buen estado de salud denotan la diferencia de una imagen positiva. La identidad personal y la identidad pública deben tener un balance adecuado, ya que vivimos en grupo, con sus beneficios, ventajas y obligaciones para desarrollar destrezas adaptativas y tener una mejor calidad de vida.

XXIII. Los Pies

FORMA	AHORA	CAMBIO
128.NORMALES		
129.MODIFICADOS		

Resumen

Nuestro organismo, cuerpo o estado físico, es único en cada persona. No existen dos personas iguales. Todavía siendo gemelos "idénticos" notamos diferencias para distinguirlos en el aspecto físico.

La medicina, la tecnología, los medios artificiales para modificar la estructura corporal y la accesibilidad a los distintos medios de transformación hoy en día, hacen posible una transformación física con relativa facilidad, en comparación con nuestros antepasados.

¡IMPORTANTE! Los cambios en el estado físico de nuestro cuerpo pueden implicar cambios desde leves a severos en nuestro estado psicológico y/o espiritual. Esto depende de cada persona en particular. Cambiarle el color a las uñas de rosado a negro, puede implicar cambios en la identidad pública o personal, las implicaciones sociales y culturales pueden resultar en efectos psicológicos o sociales positivos o negativos. Imaginen que entran a mi consultorio y observan un simple y fácil cambio en mi apariencia, que tengo los labios pintados de rojo. Lo más probable es que la persona cambie de psicólogo para la próxima cita. TODO CAMBIO DEBE SER ANALIZADO DESDE LAS PERSPECTIVAS FÍSICA-PSICOLÓGICA-SOCIAL-ESPIRITUAL. No queremos sorpresas negativas. Para sentirnos mal y obtener resultados no deseados, no tiene que leer este libro. Espero que antes de tomar una decisión para realizar cambios en su estructura física, termine de leer los aspectos psicológicos y espirituales descritos en este libro. Visualizo al ser humano de forma integral con la importancia pertinente tanto en el área física como en las aéreas psicológica y espiritual. Su potencial de cambio está ahí. ¡Calma! Aprenda, edúquese, tome adecuadas decisiones, evalúe posibles consecuencias de sus actos y luego implemente lo deseado. El éxito garantizado en un 100% no existe, ni tampoco la seguridad. Toda decisión implica riesgos. El pensar, reflexionar, evaluar y tomar adecuadas decisiones tiene el propósito de minimizar riesgos negativos a nuestra persona. Si tiene dudas, consulte con especialistas y expertos en la materia. Nunca consulte personas inexpertas, sin peritaje en el área, para tomar decisiones importantes. Los medios de comunicación están a su alcance para utilizarlos. La importancia de obtener información de un libro como el que tiene en sus manos, es que puede constatar lo leído sin temor a que la próxima vez que lo lea encuentre otra información. Los artículos expuestos en la Internet, programas de televisión o conversaciones pueden ser modificados. Le exhorto a tener literatura confiable que no este fácilmente sujeta a cambios. Durante treinta y cinco (35) años de experiencia en la práctica de la psicología clínica he aprendido que el solo cambio en el significado de una palabra, un gesto, un leve cambio corporal o un tatuaje, puede tener diversas implicaciones tanto positivas como negativas. ¡CUIDADO! Es su vida y su futuro.

CODIFICACIÓN ASPECTO FÍSICO

Al presente mi codificación es:

I-8.10.II-12.16.20.III-22.27.31.IV-34.41a.44a.VI-.48.VII-56.VIII-64.IX-69.X-75.XI-81.86a.87a.XIVa.XV-100.XVI-110b.111a.112a113a.XIX-120.XX-122.XXI-124.XXII.126.XXII.129

CAPITULO VIII

Aspecto Psicológico. Estructura del Ser

Una vez hemos evaluado nuestro aspecto físico y considerado cambios, sin todavía implementar nada, comienzo a evaluar mi aspecto psicológico. El aspecto psicológico del ser humano es tema de múltiples controversias y teorías al respecto. Para propósitos prácticos, no voy a exponer las distintas teorías de la estructura de la personalidad ni descripciones de los estados psicológicos desde distintos autores.

Considero que para realizar cambios sustanciales en el aspecto psicológico es pertinente evaluar lo siguiente:

A. Aprendizaje sobre la realidad.

Aprendemos o internalizamos información sobre nuestra percepción del mundo que nos rodea, lo que nos enseñan nuestros padres, maestros y otros. Para no comportarnos siempre explorando alternativas de ensayo y error preferimos aprender de las experiencias de otros y maximizar el éxito de nuestras acciones y dirigirnos a lograr nuestras metas y bienestar, de acuerdo con deseos y expectativas. Aceptamos alternativas, medios y descripciones de nuestro entorno sin necesariamente reflexionar o cuestionar lo expuesto por los demás. Nos dicen que el cielo es azul, que la leche es blanca, que hace frio o calor, que quien me pario es mi madre, que soy tímido, inteligente, buen amigo o hipócrita, simpático o repugnante y lo aceptamos creando una concepción de mi ser. Me configuro o estructuro a base de una información que decido y solo yo decido internalizar como verdadera o correcta. Decimos entonces, ¨Yo soy así¨. Utilizamos nuestra concepción de mi ser para dirigirnos en la relación con la percepción del entorno. Este *marco de referencia* es aprendido-modificado-aceptado. Es decir; Me considero una persona honrada porque he aceptado la definición de lo que es ser honrado y decidido que la honradez es una cualidad que yo aprecio en otro ser humano. He internalizado que la falta de honradez, por lo tanto, puede ser negativa a mi persona y decido buscar personas que me demuestren honradez para relacionarme. Si aprendo que toda persona que tenga tatuajes en su cuerpo es mala, evitaré relacionarme con ellas o me relacionare con prejuicios negativos.

Toda información adquirida mediante un aprendizaje (no discuto sobre las teorías del inconsciente de Sigmund Freud y otros), puede ser modificada. Es decir, cambiada parcialmente o totalmente. Si aprendí que el cielo es azul, puedo dejar de creer que el cielo es azul y decir que el cielo no tiene color o que en la ausencia de la luz y el vapor de agua es negro.

¡NADA DE LO APRENDIDO TIENE QUE SER ASÍ!

Puedo entonces reflexionar sobre toda información aprendida O EXPERIENCIA SUBJETIVA. Amables lectores. El potencial humano nos faculta para cambiar cualquier dato incorporado al aspecto psicológico. Se preguntará: ¿Todo dato o algunos datos? La respuesta es: Todo dato. Cuando decido incorporar un dato como cierto o verdadero lo utilizo como medida para relacionarme con mi entorno. Si decido aprender que el fuego me quema la piel, entonces no expongo mi piel a las llamas, si no quiero ocasionarme daño. Si quiero ocasionarme daño a la piel, entonces expongo mi piel a las llamas. Si expongo o no mi piel a las llamas es una decisión mía. Eso es así. Pues déjeme decirle que no. Puedo aprender como exponer mi piel a las llamas sin hacerme daño. Siempre (aseveración universal) existen alternativas para un cambio psicológico. Lo aprendido puede desaprenderse o modificarse.

En mi libro: **Nexo. La Realidad de la Realidad,** abundo sobre la realidad aprendida y como nos enseñan datos engañosos, los que internalizamos como verdaderos y luego resultan falsos. A veces, creamos las bases de nuestro aspecto psicológico en datos, conceptos y creencias que no aportan positivamente a una sana convivencia o a tener la calidad de vida que queremos. Qué hacer. ¡Cámbialo, transfórmalo, modifícalo, puedes crear, estructurar, dejar, planificar tu transformación!

Lo aprendido es solo eso. Datos que he decidido internalizar. *Solo el Creador del Universo, sabe como son las cosas, lo que es verdadero. Nosotros los seres humanos creemos que las cosas son y nos parecen verdaderas o falsas.* Pregúntese usted, qué no puedo cambiar. Que quiera, no necesariamente implica que sepa cómo. Comience por:

I. Analizar lo aprendido y explorar otras versiones o visiones distintas a sus datos.

II. Practique una nueva perspectiva sin tomar una decisión definitiva de cambio. Solo practique. La simulación o ensayo nunca está demás antes de tomar decisiones definitivas.

III. Compare lo aprendido con otras culturas alrededor del mundo y evalúe los resultados que obtienen. A veces, cambiamos lo aprendido en nuestra cultura por lo aprendido en lugares y culturas tan distintas como los chinos, los hindús u otros.

IV. Recuerde que lo que usted ha aprendido no está escrito en mármol como los diez mandamientos que recibió Moisés. Nuestro aprendizaje no tiene que ser un dogma o un mandato de Dios. Con el debido respeto a las enseñanzas de nuestros padres, seres queridos o maestros, podemos diferir con el propósito de explorar alternativas de cambio positivo. Especialmente si nuestro estado psicológico no es el deseado.

V. Aprender no necesariamente es aprehender. Se supone que cuando uno aprenda pueda conocer como son las cosas y se tenga un contacto directo con la realidad. Sin embargo, puedo aprender algo erróneo, falso o incorrecto.

Si es falso o incorrecto, entonces quiere decir que no es así o que no es la realidad. La posibilidad del error abre la puerta a la duda. No es lo mismo ¨Yo sé..¨ que a mí ¨Me parece....¨

El otro concepto ´aprehender´ significa tener contacto directo con la realidad y saber cómo las cosas son. Surge entonces la pregunta: ¿Podemos tener contacto directo con la realidad y aprehender como son las cosas o solo aprendemos o creemos tener contacto con la realidad? No les complico las cosas. Solo espero que se convenza que lo aprendido no es otra cosa que una decisión suya de incorporar unos datos ¨como si fueran así¨.

B. Experiencias.

Toda experiencia proviene de una interpretación sobre los sucesos o los actos. Los sucesos son las cosas que ocurren de las cuales no tengo control y los actos son las cosas que yo hago por lo que tengo control. Las experiencias pueden ser consideradas como positivas o negativas dependiendo de una serie de criterios:

I. Ideas o creencias.

Puedo pensar que la enfermedad del cuerpo es una forma de purificarme mediante el dolor y llegar a ser un mejor ser humano para acercarme a Dios. También puedo tener la creencia que la enfermedad del cuerpo es un castigo de Dios por mis pecados y que azotándome con una vara me acerco más a Dios. Las ideas o creencias adquiridas se deben mantener, si y solo si, aportan a una mejor calidad de vida. Entiéndase por calidad de vida un estado de bienestar físico, psicológico y espiritual en armonía. Toda idea o creencia se puede aprender, desaprender, negar, modificar parcial o totalmente.

II. Relación con el placer o el dolor.

Regularmente cuando he tenido una experiencia placentera me acuerdo como una positiva y si la experiencia la he considerado como dolorosa, la recuerdo como negativa. Sin embargo, puedo tener una experiencia placentera, como el consumo de una droga y considerarla como negativa por sus consecuencias. También puedo tener una experiencia que recuerde como dolorosa, pero tenerla como placentera por lo valioso de su enseñanza y crecimiento como persona.

III. Pensamientos

Los pensamientos se componen de ideas. Todo pensamiento se puede aceptar, negar, modificar o crear. Los pensamientos no son necesariamente una descripción de la realidad o meras fantasías. En ocasiones son una mescla de lo que me dicen, con lo que yo creo y decido aceptar como correcto, falso, verdadero o cierto. La evaluación de los pensamientos es algo que está siempre a nuestro alcance. *Las experiencias no son otra cosa que la memoria de mis pensamientos, al presente.*

C. Destrezas psicológicas.

I. Destrezas en el manejo de las emociones.

Aprender el manejo de nuestras emociones puede ser fácil para algunas personas y difícil para otras. Existen distintos modelos psicológicos para aprender el manejo de las emociones. Después de treinta y siete (37) años de implementación de distintos modelos (Freudianos, Conductistas, Existencialistas, Motivacionales y otros) recomiendo como sumamente efectivo el modelo de Terapia Racional Emotiva del autor, Albert Ellis. Su utilidad y efectividad inmediata en el desarrollo de destrezas para el manejo de las emociones resulta en uno práctico y simple. Claro, es importante su conocimiento, práctica y perseverancia para óptimos resultados. Amplia literatura al respecto se puede conseguir adquiriendo sus libros y por medio de lecturas en La Internet. Sus bases conceptuales están dirigidas a situar la capacidad del ser humano en crear y modificar sus emociones sobre los acontecimientos externos. ¨No son las cosas las que atormentan al hombre, sino lo que pensamos de las cosas¨. Esto implica que toda emoción es el resultado de los pensamientos. Amerita el estudio de este modelo, que por lo presente no voy a explicar. Compre sus libros o adquiera la literatura como el que compra la receta de los medicamentos que le prescribe su médico.

II. La toma de decisiones.

Las bases conceptuales de este libro, incluyen el libre albedrio o la libertad para tomar decisiones. Esto implica que usted y solo usted puede tomar decisiones sobre su estado psicológico y sus actuaciones. Nos excusamos, echamos culpas a otros y hasta culpamos a los sucesos externos de mis infortunios, corajes, tristezas y errores. El tener la capacidad de tomar decisiones libremente, implica la responsabilidad de mis actos. Siempre reconociendo que por mi naturaleza humana, no soy perfecto y estoy sujeto a cometer errores. Los errores son parte de nuestra humana existencia y dado que toda decisión implica riesgos debo aceptar los riesgos tratando en una mayor medida de minimizarlos. Para tomar buenas decisiones es importante el análisis de la información, prever posibles consecuencias y la congruencia lógica entre los medios y las metas a alcanzar. Una buena decisión debe estar ligada a los aspectos físico, psicológico y espiritual, ya que si se afecta una de estos aspectos puede tener consecuencias negativas en el desarrollo integral del ser humano. Si decido pintarme el cabello (Físico) de blanco para sentirme (Psicológico) más joven, debo tener en cuenta que mi religión X (Espiritual) lo considera un pecado por no estar satisfecho con lo creado por El Ser Supremo. Si esta decisión afecta negativamente mi aspecto espiritual debo entonces evaluar las implicaciones de pintarme el pelo de blanco. Si no le doy importancia a la implicación negativa en el aspecto espiritual decido por el cambio. Una buena decisión es aquella que puede satisfacer los aspectos físico-psicológico-espiritual. Contradicciones entre estos tres aspectos esenciales en la estructura del ser humano pueden resultar en problemas de salud, mentales o espirituales. Existen distintos grados de dificultad en la toma de decisiones, desde sumamente difíciles y críticas, moderadamente difíciles o de poca importancia en cuando a sus implicaciones. El grado de dificultad se lo otorga usted. Puedo tomar las decisiones que quiero siempre, ya que la capacidad para tomar decisiones no es temporera ni parcial. Pero, tener la responsabilidad de implementar las decisiones y asumir las consecuencias es parte de decidir un cambio parcial o total. La capacidad para tomar decisiones está a su disposición siempre. La decisión de un cambio está ahora a su disposición.

III. Manejo de información relevante.

Obtenemos diariamente millones de datos a través de nuestro sistema sensorial-perceptual, razonamiento y destrezas intelectuales. Las combinaciones entre los datos y conceptos son infinitas. Debemos aprender a seleccionar la información relevante, importante, suficiente y significativa para el manejo de las emociones y a la toma de adecuadas decisiones. Gran parte de nuestros errores y malestares son el producto de una toma de decisiones durante estados emocionales inadecuados y una pobre información. Tenemos a nuestro alcance muchos medios para obtener la información necesaria para tomar adecuadas decisiones que pueden impactarnos en el desarrollo integral, presente y futuro. NO TOME DECISIONES A LA LIGERA. Recuerde que las implicaciones de las decisiones pueden afectar positiva o negativamente a usted o a sus seres queridos, sin mencionar a toda la humanidad.

IV. Intelecto.

La inteligencia humana se define como la capacidad para desenvolverse exitosamente en su entorno. Esto incluye la inteligencia emocional, la habilidad para relacionarse con los demás, la habilidad para crear alternativas en la solución de problemas y alcanzar las metas deseadas. Muestras de destrezas intelectuales los son; la capacidad de atención, concentración, memoria a corto plazo, memoria a largo plazo, habilidad para realizar juicios prácticos ante situaciones sociales, razonamiento matemático, pensamiento concreto, pensamiento abstracto, organización   perceptual,   coordinación visomotora y otras. El intelecto es el instrumento psicológico para organizar los aspectos físico-psicológico-espiritual. Como todo instrumento, puede ser utilizado para mejorar como ser humano o para autodestruirme. Existen seres humanos que han sido positivamente significativos en el desarrollo de la humanidad, pero también criminales brillantes que han afectado negativamente a la humanidad. Las destrezas intelectuales, como la capacidad para memorizar y otras, pueden mejorarse, y fortalecerse al grado de indicar destrezas sobre el promedio.

V. Interacción con el ambiente.

Las destrezas psicológicas sin implementar solo son instrumentos engavetados. Es decir, si usted no actúa, no le sirve tener excelentes destrezas intelectuales, buen control de las emociones o muchos datos e información general. Su potencial de cambio, adaptación y habilidad para alcanzar el éxito deseado debe implementarse o llevarse a la acción. Si usted es una de esas personas que se considera brillante, pero no se lanza a implementar sus ideas o cambios a su entorno, pasará su existencia en un limbo existencial, para luego percatarse que está viejo o enfermo o que ya es muy difícil lograr lo que desea. *"El tiempo es ahora"*. Atrévase a poner en práctica sus ideas, sus proyectos y su transformación. ¡Comience ya!

VI. Solución de problemas.

Diferenciamos entre lo que es una situación y lo que es un problema (Norman Matlin 1976). Siempre estamos en distintas situaciones pero en ocasiones evaluamos esas situaciones como problemas. Una situación se convierte en un problema de acuerdo a la evaluación de cada persona. Lo que para uno es un problema, necesariamente no lo es para otra persona. La habilidad para evaluar lo que ocurre en nuestro entorno hace una diferencia significativa en como actuamos y como nos sentimos emocionalmente. Si considero que el calor que hace en la habitación en la que me encuentro es insoportable, por lo que tengo que sentirme mal, voy a tener unas implicaciones directas en el aspecto psicológico. Si evalúo la situación como una simplemente desagradable pero no insoportable y llevadera, también voy a tener un efecto psicológico. Claro, en la segunda evaluación no lo considero un problema, sino una situación incómoda. Es importante, aprender a desarrollar la destreza psicológica de evaluar las situaciones en nuestro entorno como situaciones y no encontrar un problema en cada esquina. Hay personas ¨que se ahogan en un vaso de agua¨. Problematizan situaciones que podrían evaluarse como desafortunadas, incómodas, desagradables o simplemente fuera de nuestro control. Las evalúan como terribles, catastróficas, tratan de controlar sucesos externos fuera del control y terminan agobiados y con problemas que los afectan negativamente. Mi abuela decía: ¨Si las cosas <u>tienen solución</u> porqué te preocupas y si <u>no tienen solución</u>, para qué te preocupas¨. Preocuparnos por situaciones fuera de nuestro control solo nos resulta en ansiedades y estados emocionales desagradables. Ocuparnos por situaciones que están bajo nuestro control, resulta en el éxito deseado muchas veces y estados emocionales de satisfacción.

VII. Personalidad.

La personalidad es definida como una serie de características que hacen diferente a una persona de otra. La personalidad no es un solo concepto sino la suma de distintas características. Cada característica de la personalidad puede ser creada, modificada parcial o totalmente. Si planifico cambiar muchas características de mi personalidad proyectaré entonces un cambio significativo en mi imagen personal y pública, en mi estado psicológico y/o aspecto espiritual. **Puedo moldear mi personalidad.** Dentro de las destrezas psicológicas d mucha importancia, está el aprender a moldear mi personalidad de acuerdo con mis expectativas, las expectativas de los demás, que me importen, y la consecución de mis metas. El porte, estilo, tono de voz, modales, gustos, forma de expresarse, movimientos corporales, preferencias sexuales, vestimenta, gustos por la música, el arte, los deportes, la asistencia a actividades selectas, las relaciones interpersonales y muchas cosas más pueden hacer la diferencia en la estructura de la personalidad y la diferencia en una transformación de la personalidad de acuerdo con mis intereses. Experimente solo bajar su tono de voz en un tono o dos. Observará un cambio en actitudes de algunas personas y se lo señalarán otras.

El enriquecimiento de características de la personalidad, tomando como punto de partida el contexto cultural en el que se desarrolla y los parámetros de lo exclusivo, lo excelente y lo culto muchas veces está estrechamente ligado a una información que se puede obtener en libros, artículos, entrevistas con personas o por medio del Internet. ¿Desea un cambio positivo en su personalidad? Planifíquelo, como el que planifica un viaje al extranjero y cosechará satisfacciones.

De una forma responsable, pero con la intención de exponer el otro lado de la moneda, tengo que traer a la consideración las personas que distorsionan características de su personalidad de forma negativa para convertirse en psicópatas, sociópatas, criminales o personalidades tan controversiales que terminan codificados en el D.S.M. IV-T.R. (Manual Diagnóstico y Estadístico de los Trastornos Mentales).

La intención de lograr cobrar conciencia de la capacidad de cambio en el ser humano, no es fomentar la distorsión de la personalidad de forma negativa para que se visualice lejos de lo considerado como ¨normal o adecuado¨. Podemos convertirnos en seres raros, histriónicos o parecer extraterrestres si nos lo proponemos, pero la pertinencia como aporte positivo a mi persona debe ser cuidadosamente analizado. Declararse homosexual, lesbiana, profeta de Dios, hijo de un extraterrestre o la ultima Coca Cola del desierto, va a tener unas implicaciones en el contexto en el cual usted se desenvuelve. Si las consecuencias van a ser positivas, adelante. Si usted no va a aportar positivamente a su calidad de vida. ¡No lo haga! Enfiles sus cañones para otro lado. Siempre existirán causas justas en este mundo para luchar por ellas, pero no se crea Superman o la Mujer Maravilla. Adecuar nuestros esfuerzos teniendo como criterio lo que es razonable, nos ayuda a tener una medida de la proporción entre mi esfuerzo y mi calidad de vida. Luchar por la libertad es encomiable, pero no le recomiendo que dedique su vida a tiempo completo a esta causa.

Procure una personalidad que aporte a su paz interior, a su tranquilidad, al disfrute de las cosas simples de la vida, a ser admirado por los demás por su humildad, valores morales y ayuda a los menos afortunados.

VIII. Estructura del pensamiento.

La forma en que creamos nuestra estructura o forma de pensar es esencial para partir de forma congruente con unas bases saludables o que propendan emociones y un estilo de vida del cual me sienta satisfecho. Les expongo unos principios que debe reflexionar e internalizar. Quizás los considere controversiales o distintos, pero están dirigidos a evitar conflictos psicológicos y a fortalece sus destrezas para mediar con su vida en relación con los demás.

I. Lo único que **<u>Soy</u>** es un ser humano. Como ser humano, con mis defectos, virtudes, fortalezas y debilidades. Lo demás, son actuaciones. Es decir, yo no soy psicólogo, solo trabajo como…,

Elimine estar diciendo ¨Yo soy¨. Experimente el cambio.

II. Los seres humanos **no tenemos necesidades**, solo consideramos lo que nos conviene, nos gusta o lo que queremos. Nada es necesario. El aceptar que necesito algo implica que no puede ser de otra forma y si no puede ser de otra forma estamos determinados a una sola alternativa. Si estamos determinados no tenemos entonces libre albedrio y si no tengo la capacidad de decidir lo que hago, entonces no soy responsable por mis actos. Aprenda a decir y a creer que ¨NO TENGO QUE...¨ Sustitúyalo por: ¨Si yo lo decido, si quiero, si me parece bien, si me conviene independientemente de mis gustos¨. El argumento clásico para refutar este principio es: ¨Yo **tengo** que respirar porque si no me muero y yo no quiero morirme¨. Lo cierto es que podemos decidir si seguimos respirando o no. Las consecuencias de nuestros actos no determinan mis actos.

III. **Elimine** de su forma de pensar las **aseveraciones universales** como: Siempre, nunca, todo, nada, estoy seguro, no puedo, tengo que... Estas ¨malas palabras¨ te llevan a los extremos y solo traen consecuencias negativas a corto, mediano o a largo plazo. Sustitúyalas por: A veces, Yo creo, me parece, ahora no se me ocurre en vez de no sé, no estoy seguro y solo me parece, no lo deseo, no quiero, no creo que me conviene, en vez de no puedo. Corrija su forma de dirigir sus ideas ya que componen sus pensamientos y nuestros pensamientos dirigen mayormente nuestro estado psicológico.

IV. **Por su bienestar, deje de preocuparse** por situaciones o cosas que están fuera de su control. Ocúpese de lo que puede controlar y es su responsabilidad. Me apena que mueran alrededor de 45,000 niños diariamente y aporto sirviendo a la humanidad, pero no voy a eliminar el hambre en el mundo. Si quiero terminar en un trastorno como la Depresión o un Trastorno por ansiedad, el camino más cercano es el preocuparme por situaciones negativas que estén fuera de mi control. Si puede aportar al cambio positivo actúe razonablemente y si no está a su alcance, despreocúpese. Se puede entender como egoísta, pero en ocasiones me resulta difícil mediar con mis propios conflictos para cargar los problemas de los demás y del mundo entero.

V. **El modelo ético o moral** por el que evaluamos nuestros actos y los de los demás, debe ser uno enmarcado y dirigido por el respeto al ser humano. La diversidad de culturas, criterios evaluativos y estructuras morales son muchas para decidir lo que es bueno de lo malo. Recuerde que usted no tiene el poder de cambiar cosas fuera de su control, solo puede opinar **respetuosamente.** No podemos tomar decisiones por los demás y cada persona es responsable por sus decisiones y la evaluación moral de los actos. Tener un marco ético o moral por la cual evaluar mis actuaciones es de mucha importancia, pero igualmente importante es hacer congruentes mis acciones con la estructura moral de mi personalidad. Los terribles sentimientos de culpa, los pecados y el dolor que a veces ocasionan son la implicación de una incongruencia entre el marco ético y los actos realizados. Si entiendo que realizar un acto es contrario a mis principios morales, **no debo llevarlo a cabo.**

¨Tener una conciencia moral libre de culpas es tener un tesoro psicológico.¨ Por más dinero y bienes materiales que se puedan adquirir, nada brinda mayor paz, tranquilidad y bienestar que tener una conciencia moral fortalecida y acorde con mis actos. Bueno... si usted tiene una conciencia moral llena de culpas, puede liberarse corrigiendo lo mal hecho o buscando el perdón. El corregir el mal hecho, si usted puede, o sentirse perdonado por la persona a la cual se ha hecho mal o por Dios o el Ser Supremo, tiene un efecto de liberación de la culpa y por ende un cambio positivo en la conciencia moral. Aprenda a pedir perdón y a corregir sus malas acciones como una fortaleza psicológica y no como una debilidad. **Todos** los seres humanos cometemos errores, hacemos juicios inadecuados, le hacemos daño o contribuimos para hacerle daño a alguien en alguna ocasión. **La perfección humana no existe.** Por eso, es importante tener mecanismos de liberación de la culpa. El respeto por las formas de vida en el universo debe ser su marco de referencia ético. Respetar, no significa estar de acuerdo, colaborar, ser cómplice o permitir. El respeto dentro del marco ético, significa el considerar otros puntos de vista o entender sin interferir con las posibles consecuencias de sus actos. Respetar a los que están a favor del aborto, no implica el colaborar con realizar un aborto ni buscarle los medios adecuados para que puedan lograr sus propósitos. Tampoco implica que vaya a interferir para evitar las posibles consecuencias una vez llevado a cabo el aborto. El respeto por las decisiones de los demás no implica el que yo tenga que aceptar las consecuencias por las decisiones de los demás. Debo aceptar la responsabilidad y las consecuencias por mis actos.

Cometió un error, dijo un disparate o juzgó inadecuadamente a una persona... pues bienvenido al mundo de los seres humanos.

Resumen: Sobre la Estructura del Pensamiento, se puede abundar de forma ilimitada. A opinión de éste autor, lo esencial son estos cinco (5) Principios prácticos para lograr una estructura sólida para mantener una salud mental adecuada. El poder internalizar que:

I.   Solo soy un Ser humano

II. Los Seres humanos no tenemos necesidades.

III. Eliminar las aseveraciones universales.

IV. Elimine las preocupaciones por cosas que están fuera de su control.

V.   Modelo ético o moral congruente con las acciones.

Entendemos entonces, que el Aspecto Psicológico del ser humano puede modificarse parcial o totalmente, si así lo decidimos.

Me imagino que estará pensando que no es tan sencillo hacer sustanciales cambios en el Aspecto Psicológico de una persona. No es tan simple, pero si se puede. Hemos visto como existen personas cercanas a nosotros que tienen una estricta disciplina para lograr un cuerpo moldeado por duras rutinas de levantamiento de pesos, ejercicios, dietas con suplementos vitamínicos, ungüentos, cremas antiarrugas y procedimientos de estética entre otros. Sin embargo, la misma disposición es rara vez encontrada en personas que se esmeren por lograr un *Estado Psicológico Fortalecido*. Observamos con mayor frecuencia esta situación en los atletas que dedican gran parte de su tiempo al desarrollo de destrezas musculares y fortalecimiento físico para realizar actos que los lleven a sobresalir ante los demás competidores y ganar. También hemos observado, que luego de alcanzar la fama por sobresalir en eventos mundiales, obteniendo campeonatos o títulos, no tienen las destrezas psicológicas para mediar con estos cambios en su vida y terminan, divorciados de sus parejas, en conductas delictivas, en trastornos psicológicos, adicción a drogas o hasta en suicidios.

No basta con tener un físico deseado o reconocer que el ser humano tiene la capacidad para lograr cambios en su Aspecto Físico. El Aspecto Psicológico del Ser Humano está integrado al cuerpo como el oxígeno al agua. Puede existir el Oxígeno y el Hidrógeno separado, pero para constituirse como agua, tienen que estar juntos en una determinada proporción.

CAPITULO IX

Aspecto Espiritual.

Espiritualidad (del latín *spiritus*, espíritu), se utiliza en distintos contextos, doctrinas, escuela filosófica o ideologías. Nos referimos a las ideas o creencias sobre el espíritu humano y su relación con el desarrollo integral. Distinguimos entonces el Aspecto Físico del Aspecto Psicológico del Aspecto Espiritual. En el Aspecto Espiritual, discutiremos la estructura esencial de su formación, algunas diferencias e implicaciones de las teorías principales descritas en dogmas religiosos y la posibilidad de una transformación o cambio en el Aspecto Espiritual.

Hemos expuesto las principales religiones, de las cuales discutiremos (cristianismo: 2300 millones, islamismo: 1977 millones y budismo: de 200 millones a 1600 millones.

Los Cristianos basan su desarrollo espiritual en el seguimiento de la filosofa cristiana. Esta se fundamenta en que Jesucristo es Dios y promulgó unos Mandamientos (Diez Mandamientos) para que quienes los sigan y practiquen alcancen el fortalecimiento espiritual y como meta la vida eterna en unión con Dios. Su guía es el libro La Biblia. La religión cristiana está estrechamente ligada a una ética o moral donde la salvación del espíritu es individual pero con responsabilidad en la convivencia social. No simplemente se puede afectar el desarrollo espiritual con los actos, también con la omisión de algunos actos y con las intenciones y deseos a nivel de pensamiento. Se espera que para fortalecer el espíritu, el cristiano piense y actúe de forma moral de acuerdo a los criterios de lo bueno o lo malo.

Los Diez Mandamientos son:

1. Amarás a Dios sobre todas las cosas (Éxodo 20,1-6)

"Yo soy el Señor tu Dios. Yo te saqué de Egipto, del país donde eras esclavo. No tengas otros dioses además de mí. No te hagas ningún ídolo, ni nada que guarde semejanza con lo que hay arriba en el cielo, ni con lo que hay abajo en la tierra, ni con lo que hay en las aguas debajo de la tierra. No te inclines delante de ellos ni los adores. Yo, el Señor tu Dios, soy un Dios celoso. Cuando los padres son malvados y me odian, yo castigo a sus hijos hasta la tercera y cuarta generación. Por el contrario, cuando me aman y cumplen mis mandamientos, les muestro mi amor por mil generaciones."

2. No pronunciarás el nombre de Dios en vano (Éxodo 20,7).

¨No pronuncies el *nombre del Señor tu Dios a la ligera. Yo, el Señor no tendré por inocente a quien se atreva a pronunciar mi nombre a la ligera."

3. Santificarás el día del Señor (Éxodo 20,8-11).

"Acuérdate del sábado, para consagrarlo. Trabaja seis días, y haz en ellos todo lo que tengas que hacer, pero el día séptimo será un día de reposo para honrar al Señor tu Dios. No hagas en ese día ningún trabajo, ni tampoco tu hijo, ni tu hija, ni tu esclavo, ni tu esclava, ni tus animales, ni tampoco

los extranjeros que vivan en tus ciudades. Acuérdate de que en seis días hizo el Señor los cielos y la tierra, el mar y todo lo que hay en ellos, y que descansó el séptimo día. Por eso el Señor bendijo y consagró el día de reposo."

4. Honrarás a tu padre y a tu madre (Éxodo 20,12).

"Honra a tu padre y a tu madre, para que disfrutes de una larga vida en la tierra que te da el Señor tu Dios."

5. No matarás (Éxodo 20,13).

"No mates."

6. No cometerás actos impuros (Éxodo 20,14).

"No cometas adulterio."

7. No robarás (Éxodo 20,15).

"No robes."

8. No dirás falsos testimonios ni mentirás (Éxodo 20,16).

"No des falso testimonio en contra de tu prójimo."

9. No consentirás pensamientos o deseos impuros (Éxodo 20,17a).

"No codicies la casa de tu prójimo: No codicies su esposa…"

10. No codiciarás los bienes ajenos (Éxodo 20,17b).
"...ni su esclavo, ni su esclava, ni su buey, ni su burro, ni nada que le pertenezca."

Los Mandamientos numero 1,4,9 y 10 están a nivel de **pensamiento** y los Mandamientos 2,3,5,6,7 y 8 a nivel de **acto**. Mientras puedes fortalecer o denigrar tu espíritu con tus pensamientos también puedes fortalecer o denigrar tu espíritu con tus actuaciones. También se considera el pecado por no hacer o por omisión y cito: ¨El pecado, pues, está en aquel que sabe hacer lo bueno, y no lo hace. Santiago 4,17¨.

La filosofía cristiana describe cuales son los pensamientos y actos pecaminosos que denigran el espíritu y como por medio del cumplimiento de los Diez Mandamientos se fortalece el espíritu. Para lograr el cumplimiento de estos Mandamientos, los cristianos amplían las alternativas en diversidad de rituales simbólicos que caracterizan a la religión

Católica de las demás religiones protestantes dentro del cristianismo.

Igualmente, tratando de exponer la estructura esencial de las principales filosofías dirigidas al desarrollo espiritual describimos el Islamismo. Las creencias musulmanas. Los musulmanes, seguidores del Islam, creen que el Corán es la preexistente y perfecta palabra de Alá.
Aunque el Corán es el principal libro sagrado, la sunna es considerada la segunda fuente de instrucción religiosa. La sunna fue escrita por los compañeros de Mahoma acerca de lo que él dijo, hizo o aprobó. Las creencias fundamentales del Islam son, que Alá es el único Dios y que Mohamed fue el profeta de Alá. Por la simple declaración de estas creencias, una persona puede convertirse al Islam. La palabra musulmán significa "uno que se somete a Alá." El Islam pretende ser la única religión verdadera, de la cual se han derivado a sí

mismas todas las otras religiones, o han sido creadas como una parodia del Islam (incluyendo el Judaísmo y el Cristianismo)

Los musulmanes basan sus vidas sobre Cinco Pilares:

1. El testimonio de fe: "No hay un dios verdadero sino solo Dios (Alá), y Mahoma es el Mensajero (Profeta) de Dios."
2. La oración: debe realizarse cinco veces al día.
3. La limosna: se debe dar al necesitado, puesto que todo viene de Alá.
4. El ayuno: además de festividades ocasionales, todos los musulmanes deben ayunar durante la celebración del Ramadán (el noveno mes del calendario islámico).
5. La Hajj: la peregrinación a la Mezquita de la Meca, debe ser realizada al menos una vez (en el doceavo mes del calendario islámico).

Entendemos diferencias esenciales entre las filosofías cristiana y la filosofía islámica. Durante la lectura de las distintas filosofías podemos percatarnos que tenemos la capacidad de escoger en qué creemos y en qué no creemos, que estemos dispuestos a hacer para fortalecer nuestro aspecto espiritual y que no estemos dispuestos a hacer. Claro, no es tan sencillo, ya que tener una mescla de filosofías que incluya los mandamientos cristianos con los pilares del islam o algunos si y otros no puede implicarnos el entrar en una serie de contradicciones que confundan mis pensamientos y actuaciones. Por ejemplo, si creo que Jesucristo es Dios no puedo creer que Ala sea Dios y no Jesucristo. Si creo en el Islamismo sería incongruente seguir la filosofía cristiana.

El Budismo, como tercer modelo de filosofías religioso que estamos describiendo, se refiere a la filosofía creada por Buda. El Buda no era un Dios ni profeta de Dios, tampoco se declaró como un Ser divino. En el Budismo no existe el concepto de un Dios creador. El Buda fue un ser humano quien, a través de esfuerzos tremendos, se transformó y trascendió su limitación humana creándose en él un nuevo orden de Ser: Un ser Iluminado.

El estado de Iluminación que alcanzó tiene tres facetas. 1) Es un estado de "Sabiduría", de ver las cosas como realmente son. 2) Es una fuente de "Compasión" o Amor que se manifiesta en una actividad constante para el beneficio de todos los seres. 3) Y es la liberación total de las energías de la mente y cuerpo para que estén al servicio de la mente plenamente consciente.

Algunos estudiosos la interpretan en un sentido humanístico como llegar a ser un humano ético y con cualidades morales, careciendo de un orden espiritual. Otros entienden la meta en términos de un dios mas allá de todo y creador de las cosas, la meta en este caso sería la comunión o unión con él. Entendemos entonces las diferencias básicas entre estas tres filosofías religiosas con mayores seguidores en el mundo. Como antes expuesto, existe diversidad de filosofías que se dirigen al fortalecimiento del Aspecto Espiritual del ser humano. El estudio, análisis, reflexión y práctica de estas filosofías conllevan una dedicación seria y un esfuerzo en el aprendizaje de las disciplinas que conllevan. Todas las filosofías para el desarrollo espiritual implican disciplina física, psicológica y espiritual. Todas estas filosofías tienen estructura de dirección a nivel de actos, ideas y pensamientos con unos propósitos ulteriores del fortalecimiento máximo en el Aspecto Espiritual del Ser humano.

La confusión en el conocimiento de las filosofías para el fortalecimiento del Aspecto Espiritual, puede resultar en trastornos físicos, psicológicos y espirituales. La educación por personas preparadas en estos temas es esencial. De la misma manera en la que busco información sobre mi estado de salud física con un médico capacitado o busco asesoramiento sobre mi estado emocional con un psicólogo o un psiquiatra, debo orientarme sobre las filosofías religiosas o que persiguen el desarrollo espiritual, con personas preparadas. Sabemos que tenemos la capacidad de transformación o de operar cambios en nuestro ser, no podemos asegurar o garantizar que todo cambio implique el mejorar. El conocimiento de mi Yo, de mi Aspecto Físico, de mi Aspecto Psicológico y de mi Aspecto Espiritual es el primer paso. Si desconozco lo que es un diamante no debo tomar decisiones sobre un cambio. Lo puedo dañar o destruir con la mejor intención de mejorarlo.

¿Puedo cambiar mis creencias religiosas o mi filosofía de fortalecimiento espiritual? Si usted ha leído los capítulos anteriores debe tener una respuesta a esta pregunta.

Espero que el reconocimiento de la capacidad de cambio y transformación como ser humano pueda traer como una alternativa más a su alcance el vencer condiciones de salud, problemas psicológicos y fortalecer sus creencias o filosofía religiosa o de fortalecimiento espiritual. No tiene que transformar nada si no lo requiere, pero si lo requiere espero que se convenza de su capacidad y de su poder para lograrlo.

CAPITULO X

La transformación.

En el primer capítulo describí mi codificación del Aspecto Físico: CODIFICACIÓN:

 (I-8.10.II-12.16.20.III-22.27.31.IV-34.41a.44a.VI-.48.VII-56.VIII-64.IX-69.X-75.XI-1.86a.87a.XIVa. XV-100.XVI-110b.111a.112a113a.XIX-120. XX-122.XXI-124.XXII.126.XXII.129).

Si desea conocer como es mi físico, puede acudir a las tablas y buscar el significado descrito desde mi cabello hasta mis pies. Si deseo lograr un cambio significativo puedo entonces seguir los siguientes pasos:

1. **Reflexione** sobre su existencia. Reflexionar significa volver a pensar en lo ya pensado.
2. **Evalué su físico primero** y escriba en una hoja de papel los cambios que está considerando, sin tomar una decisión final.

3. **Compare** los cambios con el ambiente en el que se desenvuelve y **las posibles implicaciones** en su área familiar, con su pareja si la tiene, en el área laboral, con su núcleo de personas significativas y en su sociedad. SIEMPRE, existirán comentarios a favor y en su contra. Lo esencialmente importante es <u>como se visualiza usted</u>. Todo cambio racional, no compulsivo o simplemente emocional, debe tener el propósito de mantener una vida en grupo o en sociedad. Si desea parecer un ser de otro planeta o un monstruo, tendrá unas mayores implicaciones en las relaciones con los demás. Si decido ponerme un tatuaje de una serpiente en mi cuello, adornar mi cabeza con una peluca rubia y unas pantallas tipo tribu del Congo, mi esposa me dijo que me sacaba cita con un psiquiatra y nuestra relación se vería afectada, definitivamente, ya que no

toleraría esa apariencia. Debo entonces tomar decisiones sobre las prioridades en mi vida.

4. **Luego de establecer prioridades, evaluar las posibles implicaciones** de los cambios en el aspecto físico (eso implica el consultar con todas las personas que encuentre pertinente), **establezco de forma definitiva mis decisiones** del cambio.

5. Una vez tomada la decisión definitiva, planifico **la logística** del cambio. Por ejemplo: Específicamente qué peluca quiero, dónde la venden, cuánto cuesta, tengo el dinero disponible, cómo puedo adquirir el dinero que quiero, cuándo lo voy a llevar a cabo (me fijo una fecha) etc. Lo mismo debo planificar con los demás cambios. Tengo la opción de realizar todos los cambios de una vez o uno a uno. Como me parezca mejor.

6. **Prepárese emocionalmente** para el impacto en los demás. Un simple cambio en la forma

de las cejas o el color del cabello ofrecerá la oportunidad para los comentarios positivos o negativos de los demás. **Recuerde que todo cambio debe ir acompañado de unas fortalezas en el _Aspecto Psicológico y/o Aspecto Espiritual._ ¡NUNCA ESPERE AGRADARLE A TODO EL MUNDO! ¡NO LO VA A LOGRAR!** Si lo logra, se sacó el premio mayor!!!!!!!

7. **Evalúe en su Aspecto Psicológico**. Cuales características de su personalidad, emociones o estilos de comportamiento desea cambiar. De igual manera, reflexione sobre el cambio deseado y consulte con profesionales en el campo de la psicología. Si soy excesivamente tímido y me desagrada esa característica de mi personalidad, puedo lograr un cambio significativo y vencer mi timidez. Puedo cambiar mis gustos por la comida, por la música, cambiar mi núcleo de amistades, mis

actividades, los deportes, mi tono de voz, mis hábitos alimentarios o de sueño etc. También puedo amar y dejar de amar a las personas que quiera. ¡¡SI PUEDE!! ¡¡SI PUEDE!! Quizás ahora, no se le ocurra cómo. Puede buscar el debido asesoramiento para lograr lo que quiere, tratar y volver a intentarlo hasta que lo logre y se sienta satisfecho con su logro.

8. **Su vida espiritual radica en sus creencias, ideas y pensamientos**. <u>**SU FE ES SU DECISIÓN.**</u> Puedo creer en lo que me parezca, con razón o sin razón, con certeza o falsedad, correcto o incorrecto, pero puedo. La vida espiritual en el ser humano debe perseguir la felicidad. Si no he conseguido mi felicidad en la fe que profeso, tengo alternativas:

A- Entregarme en un mayor grado o con un mayor esfuerzo a mi fe. Tratar con mayor fe. Dedicarle más tiempo y oración.

B- Cambiar parcialmente mis creencias en el Aspecto Espiritual.

C- Cambiar completamente mis creencias, ideas o pensamientos sobre la espiritualidad del ser humano y el camino a la felicidad. Conozco católicos que han cambiado sus ideas cristianas por las ideas que profesan católicos protestantes, Evangélicos, la visión religiosa del Islam, o por la búsqueda de la superación espiritual del Budismo. También adoradores de Satanás que han cambiado su orientación espiritual por el cristianismo. Tengo amigos que practican la Santería, el Espiritismo y otras búsquedas de una mejor vida en el Aspecto Espiritual. El responsable conocimiento de las filosofías dirigidas al fortalecimiento del Aspecto Espiritual, implica dedicación, seriedad, compromiso ético y sobre todo internalización de las creencias o ideas que acepte. **NO ACTÚE DE FORMA INCONGRUENTE A SUS IDEAS, CREENCIAS O PENSAMIENTOS ÉTICOS-RELIGIOSOS.**

9. **Realice** los cambios deseados. El que no arriesga no gana. Todo riesgo implica el éxito o el fracaso. Recuerde que la seguridad es un mito. Podemos tratar de minimizar los riesgos negativos pero nunca en su totalidad.

Amigo lector, los riesgos son suyos. Usted puede realizar cambios en uno, dos o los tres Aspectos esenciales de la estructura humana. (Físico, Psicológico o Espiritual). Si ha realizado un cambio poco significativo y está satisfecho, magnifico.

Si ha realizado cambios significativos en su Aspecto Físico, Psicológico y Espiritual usted **Es Otro.**

La naturaleza humana es una dirigida por el cambio constante, aunque no reflexionemos al respecto. Cambiamos físicamente entre el espacio y el tiempo a los que estamos hatados. Nuestro cuerpo se adapta automáticamente a nuestro entorno, psicológicamente cambiamos en nuestras emociones, características especificas de nuestra personalidad, el comportamiento, la visión de mundo y la proyección al futuro entre otros cambios psicológicos esenciales. Espiritualmente, evolucionamos, nos debilitamos o fortalecemos en nuestra fe o en la superación del ser espiritual.

Amable lector. Estamos irremediablemente en una existencia transitoria. Si no hay nada estático, entonces todo está sujeto a cambios.

¨Usted puede ser el escultor, el artista, el autor, el que guía su existencia o esperar lo que ocurra¨.

Sea Otro, tiene el propósito de despertar la conciencia humana a su infinito potencial de cambio.

¨Nadie tiene por que sufrir por lo ocurrido, esté ocurriendo o piensa que ocurrirá¨.

¨Usted no puede cambiar el mundo pero puede cambiar usted en el mundo¨.

¨Tengo el potencial de transformar y cambiar en mi existencia, lo malo, lo bueno, la tristeza, la alegría, el amor, el odio, la amargura, la dulzura, mi éxito, mi fracaso y los pensamientos de todo lo que en mi intelecto se me ocurra¨.

Resumen

El Ser humano es camino,

nunca sendero o lugar.

Es la idea en el pensar,

nunca un acto, o persona,

ni la sombra, solo es luz.

Luz que transita en el espacio

donde transmuta el tiempo

para no volver jamás.

Al nacer estamos determinados

eternamente a existir.

Toda la existencia humana es un ir,

donde nacemos y solo nacemos

sin un morir.

José Antonio Rodríguez Roche

15 de julio de 2014

214

www.ingramcontent.com/pod-product-compliance
Lightning Source LLC
Chambersburg PA
CBHW060248290526
45789CB00001B/239